信息技术服务
——监理总则理解与实施

刘宏志　主　编
胡静宜　卓　兰　张　晖　副主编
巨小澎　主　审

電子工業出版社
Publishing House of Electronics Industry
北京·BEIJING

内容简介

国标《信息技术服务 监理 第1部分：总则》（GB/T19668.1—2014）已于2014年12月5日发布，2015年4月1日实施，本书是对该标准的详细解读与实施指导。

全书首先说明我国IT监理的产生与发展、IT监理的基本概念，以及监理总则的组成和结构；接着针对该标准原文的前4章介绍其封面、目次及前言的写作方法、格式等，并详细诠释了范围与规范性引用文件、术语和定义、缩略语的具体内容；然后就标准原文的后5章，对监理及相关服务技术参考模型、监理支撑要素、监理运行周期的服务内容和监理要求、监理内容、监理及相关服务的质量与评价等核心内容进行详细解读；最后针对标准附录中的三种表格，介绍其使用和填写说明。

本书由参与制定该标准的行业专家编写，可供从事信息系统工程监理及相关信息技术服务的技术人员、管理人员、教学和研究人员参考阅读。

图书在版编目（CIP）数据

信息技术服务：监理总则理解与实施 / 刘宏志主编. —北京：电子工业出版社，2016.9
ISBN 978-7-121-29729-8
Ⅰ. ①信… Ⅱ. ①刘… Ⅲ. ①信息服务业－技术规范－中国 Ⅳ. ①F492-65
中国版本图书馆CIP数据核字（2016）第200122号

策划编辑：陈韦凯
责任编辑：万子芬 特约编辑：徐 宏
印 刷：北京七彩京通数码快印有限公司
装 订：北京七彩京通数码快印有限公司
出版发行：电子工业出版社
北京市海淀区万寿路173信箱 邮编 100036
开 本：720×1000 1/16 印张：12.25 字数：227千字
版 次：2016年9月第1版
印 次：2023年9月第2次印刷
定 价：58.00元

凡所购买电子工业出版社图书有缺损问题，请向购买书店调换。若书店售缺，请与本社发行部联系，联系及邮购电话：（010）88254888，88258888。

质量投诉请发邮件至 zlts@phei.com.cn，盗版侵权举报请发邮件至 dbqq@phei.com.cn。

本书咨询联系方式：chenwk@phei.com.cn，（010）88254441。

指导委员会

徐耀明　赵　波　林　宁　高　林　史惠康　徐全平
贾卓生　周　平　刘学成　葛迺康　肖方晨

编　委　会

主　　编　刘宏志
副 主 编　胡静宜　卓　兰　张　晖
主　　审　巨小澎
编委会成员　郭　锐　曹　晖　徐建有　黄　红　刘文志
郑雷雷　孙美娜　李海涛　何瑞霞　姜　胜
彭昱华　张　硕　汪丹丹　宋丽华　刘学成

编 著 单 位：中国电子技术标准化研究院
合作编著单位：北京交通大学、北京工商大学、山东正中计算机网络技术咨询有限公司、辽宁北方实验室有限公司、北京时代鼎典工程咨询有限公司

前　言

随着国家信息化建设的快速发展，大批信息系统工程陆续上马，为保证工程按时、按质完工，信息系统工程监理应运而生。国务院、国家发展和改革委员会、工业和信息化部、北京市相继颁布了一系列的重要文件，明确要求在信息化工程建设中实行信息系统工程监理制度。实行信息系统工程监理制度，对规范国内信息系统工程建设管理、提高信息系统工程建设的成功率，提高信息系统工程的投资效益和管理水平，保障信息系统工程建设有效，持续和快速发展、适应社会主义市场经济，与国际惯例接轨具有重大意义。

我国的信息系统工程监理行业从2002年发展至今，已有14年。按照2011年《国民经济行业分类》（GB/T 4754—2011），信息系统工程监理服务已被国家列为信息技术（以下称 IT）咨询服务业范畴。2005—2007年，国家标准化管委会和国家质量监督检验检疫总局发布了一批监理标准，如《信息化工程监理规范 第1部分：总则》（GB/T 19668.1—2005）；《通用布缆系统工程监理规范》；《电子设备机房系统工程监理规范》；《计算机网络系统工程监理规范》；《软件工程监理规范》；《信息化工程安全监理规范》。GB/T 19668系列标准的发布实施完善了我国信息系统工程监理的规范体系，确立了信息系统工程监理在我国信息技术服务中的地位与作用，推进了信息系统工程监理工作在全国的普遍展开，对我国信息系统工程监理市场的发展起到了规范化的作用。监理界的领导和同仁们也做了大量扎实的工作，并取得了显著成果。目前，自2005年《信息化工程监理规范 第1部分：总则》（GB/T 19668.1—2005）发布实施起已有10年多了。鉴于我国信息系统工程监理市场的业务不断扩展，形成了信息系统工程监理及相关信息技术服务的新市场。为了提高信息系统工程监理及相关信息技术服务水平，进一步规范监理行业，对其系列标准进行了修订。《信息技术服务 监理 第1部分：总则》（GB/T 19668.1—2014）已于2014年12月5日发布，2015 年 4 月 1 日实施。

一般来说，在技术标准中只能说明“做什么”和“怎么做”，至于“为什么这样做”等理解性内容和一些与标准制定的相关问题就无法在标准中细述。为配合国家标准《信息技术服务 监理 第 1 部分：总则》(简称《监理总则》)的推广，由中国电子企业协会信息系统工程监理分会、中国计算机用户协会网络应用分会、中国电子技术标准化研究院和电子工业出版社商定出版本书，以参与这套《监理总则》制定的主要技术人员为骨干，并由这几年在监理界有显著成就的专家组成“国家标准 GB/T 19668—2014《信息技术服务 监理》实施指南”编审委员会，专门对《监理总则》进行详细诠释，供信息技术服务的业主方（甲方，有的也称建设方）、承建方、监理方和主管领导单位及其有关各方人员参考。

为了更好地理解标准，本书将信息系统工程监理、信息工程建设监理、信息工程监理、信息化监理、信息技术（IT）服务监理等概念统称表述为 IT 监理。对其他名词如业主单位、承建单位、监理机构、监理规划、监理实施细则和 IT 监理标准也在本书中做了统一。

本书的体系结构如下：

第 1 章 绪论。说明我国 IT 监理的产生与发展、IT 监理的基本概念以及《监理总则》的组成和结构。

第 2 章《监理总则》前 4 章及必备要素解读。首先介绍了国家标准中封面、目次及前言的写作方法、格式等内容，然后按标准的章节顺序详细诠释了范围与规范性引用文件、术语和定义、缩略语的具体内容。

从第 3～7 章，书中章节标题均与《监理总则》第 5～9 章的章节标题名称一致，这是为了便于使用者能直接找到自己所需要的信息。

第 8 章的监理表格，无论是对业主方、监理方还是承建方，都提供了《监理总则》附录中三种表格的使用说明，以及在《监理总则》正文中出现引用这些表格的条款。仔细阅读会有助于对《监理总则》条文的理解。

本书由刘宏志主编；胡静宜、卓兰、张晖副主编；巨小澎主审，书中各章节由以下作者完成：第 1 章，刘宏志；第 2 章，2.1 刘宏志、2.2、2.3、2.4 徐建有；第 3 章，郭锐；第 4 章，4.1 郑雷雷、4.2 孙美娜、4.3 郭锐；第 5 章，5.1 郭锐、5.2、5.3 李海涛；第 6 章，6.1、6.2 刘文志、6.3 何瑞霞、6.4 姜胜；第 7 章，曹晖；第 8 章，郭锐、刘学成、彭昱华、郑雷雷、张硕、汪丹丹、宋丽华，黄红；附录，刘宏志。全书由刘宏志负责统稿，特邀顾问葛迺康、贾卓生。本全书统稿由刘宏志负责。本书的编写，在工业和信息化部电子工业标准化研究院赵波院长、林宁书记和高林副院长的大力支持下，得到了中国电子企业协会信息系统工程监理分会理事长徐耀明、工业和信息化部信息化和软件服务业司史惠康处长、中国计算机用户协会网络应用分会理事长肖方晨、中国国家标准化管理委员会徐全平副处长、中国电子信息产业发展研究院原总工程师柳纯录、中国电子企业协会信息系统工程监理分会秘书长刘学成、中国通信工业协会副秘书长王学德、北京交通大学贾卓生和葛迺康等领导的支持、帮助与指导。同时也得到了监理界的专家与同行，北京市北咨信息工程咨询有限公司总经理李东、原总经理邢桂林、高级工程师蔡若谷、高级工程师裴露、高级工程师齐爱新，北京中百信工程咨询有限公司总裁刘庆波、总经理周威、总工程师卢学哲，北京肯思捷信息系统咨询有限公司高级工程师王玉和、朱林；中国社会科学院葛健博士，中国民航机场建设集团公司高级工程师徐军库博士，北京交通大学张骏温，北京赛迪工业和信息化工程监理有限公司总经理管东刀、吴芳茜，山东正中计算机网络技术咨询有限公司总经理张建成，北京时代鼎典工程咨询有限公司要玉禄，宁波赛迪信息技术有限公司总经理王洪全，成都安美勤资讯有限责任公司邓跃良，上海三零卫士信息安全有限公司邬敏华，新疆天衡监理咨询有限公司总经理张斌，中国电子企业协会信息系统工程监理分会李倩、程岩，北京工商大学计算机与信息工程学院院长蔡强教授、教务处副处长李海生教授，中国石油天然气管道工程有限公司徐水营高级工程师等专家和同人的大力支持和帮助。硕士研究生朱方方、李红、韩福霞、潘超、吴丹、冯振海、赵豆豆、庞红美、张广旭、靳听格等在收集整理资料方面做了部分工作，在此表示衷心感谢。

本书在编写过程中，参考了许多同行的学术研究成果，借鉴和引用了参考文献中的部分内容，在此谨向这些参考文献的编著者表示真诚的感谢。

信息技术仍在不断地发展，相应的IT监理也在实践中逐步完善，有许多问题仍然需要探索和学习，加上编者水平有限，本书难免会出现一些错误或疏漏，在此，我们由衷地希望有关专家与读者给予指正，以便不断地修改和完善。

编委会

2015年12月

目　　录

第1章 绪　　论

依据1988年我国颁布的《中华人民共和国标准化法》，为了推广2014年颁布的GB/T 19668.1—2014《信息技术服务 监理 第1部分：总则》（以下简称《监理总则》）这一国家标准（简称国标），便于从事信息系统工程监理及相关信息技术服务的技术人员、管理人员、教学和研究人员，以及有关人员对该标准有进一步的理解，由参与该国标制定的人员编写了本书。

本书紧紧围绕《监理总则》进行阐述与讨论，详细阐述了《监理总则》与2005年颁布的GB/T 19668.1—2005《信息化工程监理规范 第1部分：总则》（简称《2005版总则》）的区别与联系。有关IT监理领域中大量理论与各种技术问题，可参考本书所附有关文献与资料索引。

本章将讨论如下问题：IT监理的产生与发展、IT监理的基本概念、《监理总则》的组成和结构等。

1.1 IT监理的产生与发展

为了清晰地描述《监理总则》形成的背景，我们首先回顾一下IT监理的各发展阶段。以下分三个阶段叙述我国IT监理的形成与发展，即IT监理的酝酿阶段、IT监理形成规模的启动局面和IT监理的发展阶段。

1.1.1 IT监理的酝酿

1. IT监理的由来

很多从事IT监理工作的管理和技术人员都清楚，我国的IT监理是吸取了建筑行业的建设监理的经验与思路，结合信息技术服务行业本身的特点，逐步试验、摸索起步的。其实，我国建筑行业的工程建设监理起步也并不早。最早的可追溯到 1987 年，我国利用世界银行贷款建设西安—三原的一级公路和京—津—塘高速公路，当时的交通部应世界银行的要求，在这两个工程项目的建设过程中实施了工程监理。随后，由建设部归口作为我国政府建设监理管理部门，一方面制定了一批相应的管理办法、规定和标准；另一方面逐步形成了一支专业和兼职的工程监理队伍。经过十多年的努力，在此基础上，1997 年我国颁布了《中华人民共和国建筑法》，并在这部建筑法中，以专门的章节对工程监理的原则、工作规范、行为准则和管理办法等做了明确规定。

如上所述，建筑行业监理的先行一步，对信息技术服务行业的监理工作影响很大。目前，IT 监理中对监理的内容、方法、组织结构和人员职称等的理解和描述，有较多方面吸收了建筑行业监理的成功经验。例如，三控或五控、两管和一协调，监理规划与监理实施细则等。这一方面说明建筑行业建设监理的经验经过十多年的锤炼是比较成熟的，另一方面也说明信息技术服务行业的监理工作者善于吸收先进和成熟的经验，并结合信息技术服务行业的实际情况，经过实践，创造出了更紧密结合信息技术服务行业特点的工程监理经验；在与建筑行业同一个工程项目（如大厦、高速公路等）中的监理，它们的接口关系也简化很多。

2. IT 监理在酝酿阶段的活动

20 世纪 90 年代初期，IT 监理在朦朦胧胧的状态中，以不同形式问世。

早在 1993 年，上海市开始了工程设备监理制度的试点工作。在国务院机构改革前，原电力部、水利部、邮电部、机械部、内贸部等有关部门根据工程管理的需要，曾在各自的职能范围内组织筹备和开展工程设备监理工作。其范围虽然主要是工程设备方面，但已经开始包括信息系统工程部分设备的监理内容。

1995 年，原电子工业部曾以“电子计［1995］243 号”文件形式颁布了《电子工程建设监理规定（试行）》（以下简称《监理规定》），但遗憾的是由于国家机构的重大变化，这一重大举措就暂时停顿下来，只有基层部门各自为战地、自发地进行 IT 监理的探讨与试验，由此看出政府 IT 监理这一层面的重要性。下面我们还将用 IT 监理在 2002 年取得重大突破成功的经验，从另一方面说明政府 IT 监理管理层面在 IT 监理领域的重要性。《监理规定》结合电子信息工业高科技、新工艺的特点，确定了我国电子工程（相当于后来的信息系统工程）建设监理工作的基本框架，对电子工程建设监理制的基本原则、部门职责、业务内容、业务实施、监理收费、违章处罚等做出了明确的规定。针对电子信息工程项目，建立以目标设定、控制标准、过程检验、记录追溯、总体评估等为核心的系统集成实行监理的机制。国内当时有一些重大的计算机及电子工程项目和国家重点科研项目通过委托监理单位进行工程监理，有效地保证了工程的质量与进度，取得了良好的成效。该《监理规定》是我国 IT 监理领域中第一个历史性正式文件，对当今 IT 监理的发展有重要影响。

1996 年，深圳市成立了全国第一家专门从事信息工程质量的监督机构——信息工程监督检验总站。

1997—1998 年，在举世瞩目的长江三峡工程中，业主单位委托了太极肯思捷系统工程设计所（国内最早从事 IT 监理的单位之一）担任该工程中网络系统建设的监理，使工程的质量、进度、投资均达到预期的目标，系统运行可靠，监理服务的效果令人非常满意。

1997 年，北京市工商行政管理局启动了内部业务网络信息系统工程（也称“金网工程”），该工程于 1998 年建成，并于 1999 年通过验收。这是一个典型的信息系统工程，并引入了工程监理机制，由该局经济信息中心牵头组成的机构负责；这一机构虽然不是专职的信息工程监理公司，但在该工程合同中，明确了其监理的责任，如在合同中明确列出了“在工程建设过程中，开发方必须接受用户方委托的专家对工程进行监理”这一条款。

1999 年 6 月，深圳市政府出台了包括实施信息工程监理条款在内的《深圳市信息工程管理办法》，并要求首届中国国际高新技术成果交易会信息网络工程实施监理制。2000 年 7 月，深圳市信息化建设委员会办公室制定了《深圳市信息工程建设管理办法实施意见》，要求辖区内市、区、镇人民政府及其所属部门使用财政性资金（包括预算内资金、预算外资金、事业收入等），投资规模在 100 万元以上的信息工程建设项目必须遵照该实施意见进行立项、招投标、监理、质量监督、验收。在该文件中，对信息工程监理工作进行了较具体的规定。

2000 年 12 月 19 日，北京市政府发布了《北京市政务与公共服务信息化工程建设管理办法》，其中明确规定“重大项目的建设应当实行监理”。

2001—2002 年，原信息产业部信息化推进司在一些省市和单位开始进行信息系统工程监理的试点，通过试点总结经验，为国家有关部门制订信息系统工程监理法规文件提供依据。

除以上所列的一些 IT 监理活动外，还有一些分散的 IT 监理活动。例如，原信息产业部或其他与信息技术服务行业有关的国务院主管部门也陆续授权一些信息技术服务行业的部门或公司作为试点进行监理活动，由于这些活动都不具有全局性影响，所以我们将其归为酝酿阶段。直至 2002 年 5 月，下一节将要介绍的一些具有较大影响的信息系统工程监理活动才使我国 IT 监理领域发生重大变化，形成具有一定规模的启动局面。

1.1.2　IT 监理的启动

经过上述 7 年（1995—2002 年）的酝酿期，2002 年，IT 监理行业在我国终于迎来了蓬勃发展的机遇，可用以下事件说明。

（1）国家电子政务标准化总体组（由国务院信息化工作办公室和国家标准化管理委员会联合组成）于 2002 年 5 月发表的《电子政务标准化指南（第一版）》中，明确提出进行“信息化工程监理规范”研制的项目，并于同年 8 月 29 日成立了该规范的研制项目工作组，命名为 EGS/WG4。同日，该工作组举行了第一次全体会议，共有 21 个成员单位、3 个观察员单位和 4 位协调员参加会议，这是我国 IT 监理事业具有历史意义的一次重要会议，它标志着中国的 IT 监理标准的制定进入实质性阶段。从第一次全会开始，全国 30 多个单位的代表勤奋地工作，经过 4 个月的努力，完成了 2005 版国标的征求意见稿。

（2）我国信息产业部于 2002 年 11 月 28 日以文件号“信部信［2002］570 号”颁布了《信息系统工程监理暂行规定》（详见附录）。这标志着信息技术服务行业在我国信息技术服务行业政府主管部门（信息产业部）的领导下，正式将 IT 监理推向信息技术服务行业市场化运作，推动了 IT 监理在全国范围的蓬勃发展。

（3）位于首都的北京市信息化工作办公室对 IT 监理的贡献更为显著。他们在以下几方面率先实现了政府 IT 监理管理方面的启动工作：

① 2002 年 5 月 31 日，北京市信息化工作办公室发布了《北京市信息系统工程监理管理办法（试行）》，并明确规定于同年 8 月 1 日在所辖地区对信息系统工程实行强制性监理，其具体要求是“各级财政全部补助或者部分补助以及为社会提供公共服务的重大信息化工程项目必须通过招标的方式选择信息系统工程监理单位”。同年 10 月 28 日，北京市人民政府新闻办公室和北京市信息化工作办公室在新闻发布会上，宣布 7 家企业获得第一批信息系统工程监理企业甲级资质证书。

② 北京市信息化工作办公室会同北京市质量技术监督局制定了《信息系统工程监理规范》，并于 2002 年 9 月 11 日由北京市质量技术监督局颁布了 DB11/T 160—2002《信息系统工程监理规范》。这是我国历史上第一个 IT 监理的地方标准。

③ 2002 年 9—12 月，北京市信息化工作办公室根据《北京市信息系统工程监理管理办法（试行）》，授权北京市信息安全测评中心开展了信息系统工程监理企业资质认证与监理工程师的培训、考核工作。北京信息安全测评中心组织专家突击编写培训讲义，先后进行了三批培训工作，培训了监理人员 500 多

人，经过考试和资格审查后，为合格的学员颁发了监理工程师证书和高级监理工程师证书。

④ 2003 年 3 月，北京市信息化工作办公室委托北京信息安全测评中心组织 20 多名专家编写了《信息系统工程监理》，由中国标准出版社正式出版，这是我国 IT 监理的第二本专著。

（4）2003 年 1 月，国信办、科技部、信息产业部联合发文，题目是“关于印发《电子政务工程技术指南》的通知”，文中第十六条规定如下：“电子政务工程建设要按照信息产业部《信息系统工程监理暂行规定》（信部信［2002］570 号），加强电子政务工程监理市场的规范化管理，确保电子政务工程的安全和质量。从事电子政务工程监理活动的单位要具备信息产业部信息系统工程监理的相应资质，同一工程的建设和监理要由相互独立的机构分别承担，监理单位要先于承建单位介入，没有确立监理单位的工程，建设单位不得开始建设。”

（5）2003 年 3 月，信息产业部发布《信息系统工程监理单位资质管理办法》和《信息系统工程监理工程师资格管理办法》（信部信［2003］142 号），详细规定了“双资”认证办法，并明确于同年 4 月 1 日起实施。该文件既是 570 号文件的补充，又是全国 IT 监理行业开展“双资”认证工作的指导性文件。

从以上活动可以看出，2002—2003 年 IT 监理的一系列活动与 1995 年仅由电子工业部的文件发布相比，大不一样，既规范又配套，而且形成了相当的规模。

综上所述，2002 年可以说是中国 IT 监理获得重大突破的一年，形成了一定规模的启动局面，同时也证明了政府 IT 监理管理层面在 IT 监理整个体系中的重要性。

1.1.3 IT 监理的发展

自 2002 年起，除了上述有代表性的 IT 监理活动外，还有大量其他 IT 监理部门、单位和公司的 IT 监理也很活跃，呈现出百花齐放的态势。这里，我们尽可能将搜集的资料罗列一下，以供从事 IT 监理的研究、教学人员参考，更重要的是供从事 IT 监理的管理部门和第一线监理人员参考，资料本身也具有重要历史意义。

（1）河南省信息产业厅发布了《河南省信息化工程监理管理办法（试行）》，河南省的 IT 监理系原信息产业部授权的试点省、市之一。该省的 IT 监理管理办法具有如下特点：

① 实行 IT 监理的范围和金额与其他省、市不同。

② 明确该省信息产业厅是全省信息化行政主管部门，并列出了主要职责，该省未委托相关部门或单位行使 IT 监理管理、认证、培训等事宜。

③ 监理工程师的级别有三等，即资深监理工程师、高级监理工程师和监理工程师。

（2）由北京交通大学计算机与信息技术学院葛乃康教授主编的《信息工程建设监理》一书于 2002 年 9 月出版，该书是我国第一部 IT 监理的正式出版专著，作者经过四年多的研究，搜集了一些公开发表的文章资料，汇集了不少有识之士的见解。这本书向 IT 监理领域和准备从事 IT 监理工作的人员提供了理论知识，使我国广大欲从事 IT 监理工作的管理、技术人员，在一开始就有可供参考的资料查阅。

（3）北京市信息化工作办公室授权北京信息安全测评中心从2002年12月起，由北京市信息化工作办公室副主任杜敬明任编委会主任，组织 20 多位专家在原有讲义《信息系统工程监理》培训教材的基础上，于 2003 年 3 月正式出版专著《信息系统工程监理》。

（4）2002 年 7 月，原信息产业部信息化推进司批复中国电子商务协会成立

“中国电子商务协会信息系统工程监理中心”。该中心于同年 10 月开始组织编写“信息系统工程监理培训教材”，并于 2003 年 1 月初对该教材进行评审。

（5）2003 年 10 月 18 日，原信息产业部和原人事部联合发布《计算机技术与软件专业技术资格（水平）考试暂行规定》和《计算机技术与软件专业技术资格（水平）考试实施办法》（国人部发［2003］39 号），文件中第一次明确在“信息系统”专业类中设“信息系统监理师”资格，规定用人单位可按中级技术资格聘用，并说明今后“不再进行计算机技术及软件相应专业和级别的专业技术职务任职资格评审工作”。该文件明确于 2004 年 1 月 1 日起实施。

（6）2002 年，杭州市信息办发布了《杭州市信息系统工程监理管理暂行办法（试行)》（杭政办［2002］45 号），该文规定了杭州市自 2003 年 1 月 1 日起正式实施信息系统工程监理制。

（7）从长远来说，人才培养是一个很重要的问题。除了用上述短期培训的方法解决 IT 监理领域急需的人才外，还需培养大学本科学历以上的人才。在这方面，我国已有 4 所大学很快做出了反应：

① 北京交通大学计算机与信息技术学院于2002年3月在我国首次为计算机应用和软件工程专业的硕士研究生开设了“信息工程监理学”课程，2007 年，有 2 名信息工程监理专业方向的硕士生通过硕士学位论文答辩。这标志着在 IT 监理领域开始出现具备 IT 监理有关理论知识的硕士研究生。

② 北京联合大学信息学院于2003年9月在信息学院8个班的教学计划中列入了监理课程。

③ 北京航空航天大学软件学院于2003年10月设置首个信息工程监理专业，并成立我国第一个信息工程监理研究所，同时有 24 名工程硕士生入学。2006 年 3 月，北京航空航天大学软件学院有 4 名信息工程监理专业方向的工程硕士生通过硕士学位论文答辩，这是我国第一批获得信息工程监理方面硕士学位的研究

生。2004 年 11 月 18 日，北京航空航天大学软件学院在北京举办我国首届信息工程监理学术会议，并出版论文集。

④ 2006 年 5 月 17 日，中国计算机用户协会网络应用分会成立信息工程监理专业委员会，该专委会成立后做了大量工作：

- 编制了 16 期“简讯”。在“简讯”中发表了不少反映我国信息工程监理界的新思想、新动态，起到了信息工程监理界理论与实践交流平台的作用。
- 2007 年 9 月 8 日主办了“2007 年信息工程监理学术会议”，这是继 2004 年首届 IT 监理学术会议后的第二次监理界盛会，共 70 多人参会。会议提供了 40 多篇论文，学术水平有明显提高，有 30 多篇优秀论文分别刊登在我国权威杂志《经济管理》和《计算机科学专刊》上。这些优秀论文的发表，大大鼓舞了 IT 监理界的同人们，尤其是一大批从事 IT 监理的年轻人。
- 2007 年 2 月 13 日主办了“2007 年信息系统工程监理推进研讨会”，以北京市为主的监理用户参会，并向监理界的领导与同人们提供了较全面的信息，既肯定了监理在信息工程项目中的作用，又提出了有待改进的建议，这次大会约有 70 人参加。原信息产业部信息化推进司领导亲临大会指导。

（8）2007 年 8 月 13 日，国家发改委发布的第 55 号令的第十八条规定：“电子政务项目实行工程监理制……委托具有信息系统工程相应监理资质的工程监理单位，对项目建设进行工程监理。”

（9）截至 2015 年 7 月，全国已有 335 家监理单位获得了中国电子行业联合会颁发的信息系统工程监理资质，其中有 35 家单位获得甲级资质，为规范监理市场起到了重大作用。

1.2 IT 监理的基本概念

1. 建筑行业对“监理”的表述

建筑行业对“监理”的两种表述可供参考：

（1）“监理”一词是“监”与“理”的组合，但“监”可以理解为：对某种预定的行为从旁观察或进行检查，其目的是为了督促其不得逾越预定的、合理的界限（行为准则），因此也可把它引申为监督，即发挥约束作用。“理”常同其他许多词汇相组合，使用更为广泛。这里可理解为：对一些相互协作和相互交错的行为进行调理，避免抵触；对抵触了的行为进行理顺，使其顺畅；对相互矛盾的权益进行调理，避免冲突；对冲突了的权益进行调解，使其协作。概括地说，它是起协调人们的行为和权益关系的作用。同时，协调与约束之间又是相辅相成的，协调之中往往需要通过一定的约束来实现，而约束则为了达到协调的目的。因此，所谓监理，实际上就是今天人们经常使用的“协调约束机制”一词的主要含义。实施它的目的，是促使人们相互密切协作，按规矩办事，顺利实现群体和个体的价值。

（2）“有关执行者，根据一定的行为准则，对某些行为进行监督管理，使这些行为符合准则要求，并协助行为主体实现行为目的。”

以上两种表述均认为，对于“监理”一词，迄今为止，我国文献都未把它作为一个理论范畴下一明确的定义。因此，我们只能依据实际情况对“监理”以及“IT 监理”作一些探讨。

2. 信息技术服务行业对 IT 监理的表述

信息技术服务行业对监理也有多种表述，这里我们选出四种以供参考。

（1）原信息产业部文件规定：“信息系统工程监理是指依法设立且具备相应

资质的信息系统工程监理单位（以下简称监理单位），受业主单位委托，依据国家有关法律法规、技术标准和信息系统工程监理合同，对信息系统工程项目实施的监督管理。”

（2）本《监理总则》中，在“技术参考模型”部分对IT工程监理也作了说明：“参考模型表明，信息系统工程的监理及相关服务工作应建立在监理支撑要素的基础上，根据工程项目的需要，在监理运行周期的部署实施和运行维护（包含在ITSS®服务运营中）部分，结合各项监理内容，对监理对象进行监督管理及提供相关信息技术服务。对监理运行周期的规划设计部分主要提供相关信息技术咨询服务。”

（3）在葛乃康教授主编的《信息工程建设监理》一书中，将IT监理分成两部分解释：

信息工程——表示以计算机网络为基础设施，以计算机和软件技术为核心构成的各种业务应用的系统。它表示了一个特定的行业范围，简述为IT（信息技术）行业，以区别于其他楼宇建筑、公路建设等行业。

监理——该词是指对人们的一种行为活动进行监督、理顺。

所谓IT工程监理就是人们依据一定规则对信息化工程建设的行为活动进行监督、理顺。

这种表述虽然简单一些，但比较容易记忆与理解，其意思与本《监理总则》中的提法是基本一致的。

（4）在北京信息安全测评中心编著的《信息系统工程监理》中作了如下表述：“信息系统工程监理是指对工程建设参与者的行为所进行的监控、督导和评价，并采取相应的管理措施，保证信息系统工程建设行为符合国家法律、法规和有关政策，制止建设行为的随意性和盲目性，促使建设质量、进度、造价按计划（合同）实现，确保建设行为的合法性、科学性、合理性和经济性。”

这种表述方式虽然文句长了一些,但将监理的三控制内容和监理的目的包括了进去，有一定的影响。

3. IT 监理的内容

整个监理过程中绝大多数的活动均围绕以下监理内容进行，《监理总则》中图 2 的“监理及相关服务技术参考模型”右侧的“监理内容”已简明扼要地表现出来，主要有以下几项。

- 三控制：质量控制、进度控制、投资控制。
- 两管理：合同管理、文档资料管理。
- 一协调：全面的组织协调，包括业主单位、承建单位、监理单位和其他有关单位。

1.3 《监理总则》的组成和结构

1.3.1 《监理总则》的特点

《监理总则》除了在技术领域具有信息技术服务领域的监理技术特色外，还应严格按照国家标准的制定规则进行文本的编制。本《监理总则》具有如下特点：

（1）按照我国最新颁布的 GB/T 1.1—2009《标准化工作导则 第 1 部分：标准的结构和编写》（以下简称 GB/T 1.1—2009）编制。它的重要性表现在它是导则性标准，是指导各类标准制定、修订的一项基础标准。它不但规范标准的结构、标准的编写，还涉及我国标准如何与国际标准相接轨、标准化工作的改革以及工作观念的调整等标准化工作的方方面面。而本《监理总则》的编制从总体的规划直至标准的结构及编写，都是严格按照 GB/T 1.1—2009 进行的，我们可从下面讨论的一般标准的组成原理和《监理总则》的标准结构证明这一点。

（2）充分考虑了信息技术服务最新技术水平，为未来技术发展提供了框架。由于信息技术的发展迅速，要对其技术工程项目实现监理，如果在编制标准时不充分考虑这一点，将会导致所制定的 IT 监理标准总是滞后于实际信息技术服务的进展，起不到监理的作用。具体来说，这一特点是通过本《规范总则》中建立的“监理及相关服务技术参考模型”实现的。在该模型中，除了将现有开展 IT 监理工作必需的基础设施、必需从事的监理工作进行规范外，还考虑到信息技术将来的发展，为新技术发展的工程监理提供框架和发展余地，只有这样才能适应相应技术的发展，为标准化提供充分的空间。

1.3.2　一般标准的组成

为了能较清楚地叙述本《监理总则》的结构，有必要先讨论标准的一般组成原理，因为《监理总则》的结构与一般标准的结构是一致的，是一般标准的某种表现形式。

一项标准是由各种要素组成的。这些要素有两大类：一类是反映了要素的性质和所处的位置，另一类是表示要素的功能。图 1-1 示出了从两个不同角度反映的要素组成标准的一般原理。

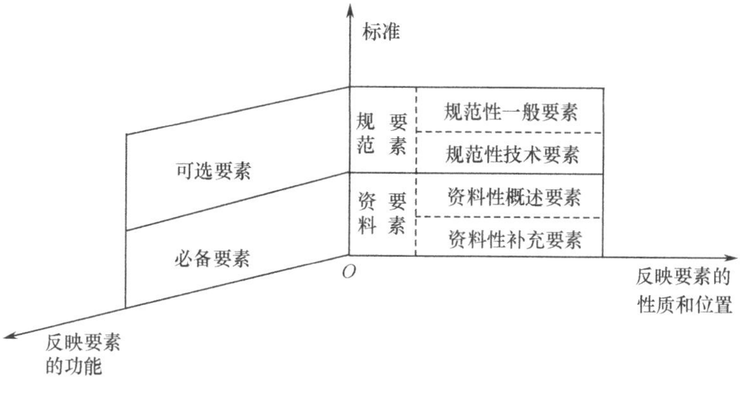

图 1-1　标准组成原理

明确标准由要素组成的一般原理对制定标准有重要的意义。成千上万种标准有不同的标准化对象，它们的内容和范围也是千变万化的，只有将标准的制定规范化，才能实现标准的统一性，才能对实际工作和实际信息技术服务产生指导意义，才能指导 IT 监理标准的编制工作，即对编制本书所讨论的《监理总则》有指导作用。为此，下面所讨论的《监理总则》的结构就是遵循该标准组成原理形成的。

1.3.3 《监理总则》的结构

标准的结构是标准中的部分、章、条、段、表、图、附录的排列顺序。本《监理总则》的结构内容如表 1-1 所示，也就是本《监理总则》中各要素的编排结构。所谓要素就是对应于《监理总则》的各章、附录、图等，它们有固定形式，如封面、目次、前言、名称、范围等。第 1～9 章的技术内容均属于规范性技术要素，从另一个角度看，它们均是可选要素，可根据《监理总则》的具体内容、需求而定。

表 1-1 《监理总则》结构

要素的性质	要素编排结构（《监理总则》中对应章的标题）	要素的功能
资料性概述要素	封面	必备
	目次	可自动生成
	前言	必备
规范性一般要素	名称（标题）	必备
	范围（第 1 章）	必备
	规范性引用文件（第 2 章）	可选
规范性技术要素	术语和定义（第 3 章） 缩略语（第 4 章） 监理及相关服务技术参考模型（第 5 章） 监理支撑要素（第 6 章） 监理运行周期的服务内容和监理要求（第 7 章） 监理内容（第 8 章） 监理及相关服务的质量与评价（第 9 章）	可选
资料性补充要素	承建单位用表（附录 A，资料性附录） 监理单位用表（附录 B，资料性附录） 通用表格（附录 C，资料性附录） 监理流程图（附录 D，资料性附录） 可行性研究报告与初步设计方案编制提纲（附录 E，资料性附录） 参考文献	可选

第2章 《监理总则》前4章及必备要素解读

从这一章开始，我们转向《监理总则》中文本的讨论，我们将按表 1–1 中所示的各要素的排列顺序详细讨论《监理总则》各部分的内容，也就是各要素的内容。

《监理总则》正文必须按标准的制定规则编写，即对 IT 监理的技术和业务只能写“做什么”、“怎么做”，文字必须简练，至于“为什么”以及大量的相关说明只能留在本“总则实施”中进行介绍。因此，本“总则实施”在对《监理总则》正文中各“章”、“条”、“附录”等部分进行讨论时，将按以下两条思路进行。

（1）叙述《监理总则》中有关内容、结构是如何根据标准规则安排的，具体的依据是 GB/T 1.1—2009《标准化工作导则 第 1 部分：标准的结构和编写》，这有助于未来其他部分的 IT 监理标准的制定工作。

（2）从 IT 监理的技术和业务本身，讨论《监理总则》中各项内容的考虑因素。

2.1 封面、目次及前言

封面、目次及前言这三个要素属于资料性概述要素。我们将按封面、目次及前言依次叙述。

2.1.1 封面

1. 封面的编写

每项标准都应有封面，封面既是资料性概述要素，又是必备要素。它的主要内容有：标准的类别，标准的标志，标准的编号，被代替标准的编号（选项），国际标准分类（ICS 号），中国标准文献分类号，备案号（选项），标准的中文名称，中文名称对应的英文名称，与国际标准一致程度的标识（选项），标准的发布和实施日期，标准的发布部门或单位。下面按此顺序分别进行讨论。

（1）标准的类别。按照《中华人民共和国标准化法》的规定，我国标准分为国家标准、行业标准、地方标准和企业标准。

标准封面上部居中位置为标准类别的说明，如国家标准为“中华人民共和国国家标准”，行业标准为“中华人民共和国××行业标准”，地方标准为“××××（地方名称）地方标准”，企业标准为“××××（单位名称）企业标准”。

（2）标准的标志。该标志位于封面的右上角，如果是国家标准，则为汉语拼音的头一个字，即 GB；如果是地方标准，则为 DB，其字体、字号及位置可参见 GB/T 1.1—2009 的附录。

（3）标准的编号。该编号位于封面中上述标准类别的右下方，它由标准代号、顺序号和年号三部分组成。该编号由标准的批准或发布部门分配。

根据《国家标准管理办法》、《行业标准管理办法》、《地方标准管理办法》和《企业标准化管理办法》的规定，我国各级标准的代号为：国家标准为“GB”；地方标准“DB××”（××为省、自治区、直辖市行政区划代码前两位数）；行业标准在封面标准类别的上方编写其代号；企业标准代号为“Q/×××”（其中×××为企业代号）。

国家标准和行业标准又可分为强制性标准和推荐性标准。通过标准的编号可标识该标准是强制性标准还是推荐性标准，如 GB 为强制性标准，GB/T 为推荐性标准。

（4）被代替标准的编号。本标准在封面已标出代替的标准编号为 GB/T

19668.1—2005。

（5）国际标准分类号（ICS 号）、中国标准文献分类号和备案号。

① 国际标准分类号（ICS 号）。国家标准、行业标准和地方标准应在其封面的左上角标注国际标准分类号（简称 ICS 号），同时在其下方，即第二行，标注中国标准文献分类号，第三行标注备案号（需要时加注）。ICS 号是国际标准化组织（ISO）编制的。在我国国家标准、行业标准和地方标准的封面上标注 ICS 号，不仅可满足标准信息的国际性交换，也是实现我国标准文献分类工作与国际接轨的重要举措。ICS 及其分类编号由标准起草单位或标准化技术归口单位在上报标准报批稿时填写。具体分类号可在《国际标准分类法》中查找。

② 中国标准文献分类号。在国际标准分类号（ICS 号）下一行标注此分类号，即一级类目和二级类目编号。该分类号应符合《中国标准文献分类法》的规定。

③ 备案号。该号只在行业标准和地方标准中使用，位于上述中国标准文献分类号之下，即第三行。备案号的形式为：顺序编号—年号。

现将以上三种编号综合举例如下，如示例 2-1 所示（选自 DB11/T 160—2002《信息系统工程监理规范》）：

ICS 35.020 LOO 备案号：12517—2002

示例 2-1

（6）标准的中文名称和英文名称。标准的中文名称是构成标准要素的重要组成部分之一，在封面中占有明显的地位。封面中的标准中文名称与表 1-1 中的第 4 行“名称（标题）”应一致。

起草标准名称的基本要求是：仔细斟酌名称的措辞，名称应尽可能简练，能明确表示出标准的主题，并能使该标准与其他标准的主题容易区别开来。

起草标准的名称时应注意如下事项：

① 避免无意中限制标准的范围。标准名称不应涉及不必要的技术细节，以免出现小帽子、大内容的现象。

② 避免无意中扩大标准的范围。这一点与上一点正好相反，也就是避免出现大帽子、小内容的现象。

③ 在措辞时还应注意：

- 标准名称中应采用统一术语，不应随便选用词语。建议从有关标准化的术语标准中选择确切表达有关技术特征的规范化术语，不应随便编撰。
- 标准名称中无须对文件作为国家标准或标准化指导性技术文件的性质进行描述，即不应使用“×××标准”、“×××国家标准”或“×××标准化指导性技术文件”等表述。这点是值得制定标准的工作者特别注意的。在标准名称的实际起草工作中，常常出现在名称之后又加上“标准”一词的情况，如《××××测定标准》，这里“标准”二字是多余的，起草者往往因为想强调这是一项国家标准或行业标准而多加了“标准”二字。正确的情况是在标准后面都不应使用“标准”二字。但是，在标准名称最后使用“规范”、“规则”、“规程”和“规定”等是可以的，如《信息化工程监理规范》、《汉语叙词表编制规则》、《电工电子产品的基本环境试验规程》等。

在《监理总则》封面的中文名称之下给出了对应的英文名称，这是为了便于对外进行技术交流，符合 GB/T 1.1—2009 国标的规定。目前许多国家，如日本、德国、法国和俄罗斯等都在本国的标准上书写标准的英文名称。但是封里的正文部分，其名称就只用中文书写。本《监理总则》的对应英文全称为 Information technology service—surveillance—Part 1：General rules。

（7）与国际标准一致性程度的标识。这是一项选项，当所制定的标准有对应的国际标准时，应在封面的标准英文名称之下标明与国际标准一致性程度。本《监理总则》没有与国际对应的标准，所以这一项可忽略。

（8）标准的发布、实施日期以及标准的发布部门或单位。这是一项固定的编写项目。标准的发布和实施日期由标准的审批部门在发布标准时确定，而标准的发布部门则应按不同级别的标准确定发布部门，它们的发布部门如下：

① 国家标准的发布部门为国家质量监督检验检疫总局和中国国家标准化管理委员会，工程建设国家标准由国家质量监督检验检疫总局和建设部联合发布。

② 行业标准的发布部门为各行业主管部门。

③ 地方标准的发布部门为各省、自治区、直辖市标准化行政主管部门，如北京市的地方标准《信息系统工程监理规范》由北京市质量技术监督局发布。

④ 企业标准的发布单位为各企业。

2. 封面的特性

封面是用来标识标准的，从上述十多项封面应编写的内容来看，封面给读者第一眼的信息量是较大的。根据这些编写内容，可总结出封面应具有如下特性：标识特性、功能特性和物理特性。

（1）标识特性。封面上绝大部分内容均标识了该《规范总则》的技术领域、范围特性、级别、日期、所属部门等信息，便于读者使用、收集、检索。

（2）功能特性。封面上有的内容反映了它的功能是适用于全国范围的，这通过它右上角的 GB/T 显现出来，如果是 DB/T 则表示只能适用于某一个地区。

当然从封面的名称上也可判断出该标准适用于哪一种技术领域，如本《规范总则》适用于信息化工程的监理工作方面，而且局限在基本的总的通用部分监理工作。

（3）物理特性。一个标准的封面上各项内容的位置均有精确的尺寸，它们的字号和字体也必须按规定设计。物理特性就是指封面上各项内容的位置、尺寸、大小、字体、字号等。这些规定都可从国标 GB/T 1.1—2009 中得到。

2.1.2 目次

目次与一般著作中的目录是一样的，但在标准中一律统称为“目次”，而不应称为“目录”，这点是应该注意的。目次在本《监理总则》中是可选的资料性概述要素。所谓可选的意思是指目次的设置根据标准的具体需要来决定。

1. 目次的功能

《监理总则》中的目次主要有以下三项功能：

（1）从目次中可立即全面了解《监理总则》的整体结构。目次中所显示的前言、章、条、图、附录、表等标题，以文字的形式清楚地标明了《监理总则》的结构及其内容之间的关系，以及这些要素间的相互关系。

（2）引导阅读。目次中所列《监理总则》的要素，清楚地表明了标准化对象所涉及的内容，可引导读者有选择地阅读本《监理总则》。

（3）检索功能。目次是标准内容最集中、最简单的检索工具。目次中的章、条和附录等标题及相应的页码能方便读者迅速查到所需的内容。

2. 目次的设置

是否设置目次，以及如何设置目次，应取决于《监理总则》的具体需要。为了便于查阅内容、便于读者迅速了解《监理总则》的结构则需要设置目次，尤其是当标准的内容较多、结构复杂、篇幅较长时，更应设置目次。如果一项标准没有目次，则应于封面之后用“目次”作标题，本《监理总则》不是这种情况。

电子文档中，目次可自动生成，而不需手工编排，这样可避免手工编辑方式造成的遗漏、错误等。在检索时，还可通过目次快速定位到所需要的内容。

3. 目次的内容

一般标准的全部目次内容如下（本《监理总则》中，有的内容已被省略）：

- 前言；
- 引言；
- 章的编写、标题；
- 条的编写、标题（需要给出条时才列出，并且只能列出带有标题的条）；
- 附录的编号、附录性质（即“规范性附录”或“资料性附录”，在圆括号中给出）、标题；
- 附录章的编号、标题（需要给出附录的章时才列出）；
- 附录条的编号、标题（需要给出附录的条时才列出，并且只能列出带有标题的条）；
- 参考文献；
- 索引；
- 图的编号、图题（需要时才列出，并且只能列出带图题的图）；
- 表的编号、表题（需要时才列出，并且只能列出带表题的表）。

在目次中列出上述内容的同时，还应列出相应的页码。目次中所列出的要素均应使用与正文中完全一样的标题。术语和定义一章中的术语不应在目次中出现。

这里应提出一个需要注意的问题。在过去的标准中目次通常只列出章和附录，而新的标准规定：目次除列出标准的前言、引言、章、附录外，还可列出带有标题的条、附录中的章和带有标题的条、参考文献、索引等；另外，目次中还可列出图、表的目次。之所以强调这一变化，是因为本《监理总则》只是总的国标第 1 部分，今后尚需陆续制定其他几部分国标，提出这一注意点是为了使前后几部分国标能一致起来。

2.1.3　前言

前言在标准中的属性为资料性概述要素，同时它也是一个必备要素，即每一项标准或者标准的每一部分，如在《监理总则》之后的其他部分（例如，第 2 部分：基础设施工程监理规范等）都应有前言这一要素，并且位于目次之后，用“前言”作为标题。

这部分我们将讨论以下两个内容：与标准制定规则相符合的一致性和前言编制中应注意的问题。

1. 与标准制定规则相符合的一致性问题

这一问题应包含以下几个方面：

（1）说明标准的结构。在起草标准时，如果所起草的标准是系列标准之一，则在前言的开头就应明确标准结构方面的信息。如果该标准是整个系列标准的第一项标准，或者是标准的第 1 部分，则在标准的前言中要说明标准的预计结构，并列出其他已知的标准或部分的名称。如果是第一项标准或第 1 部分以外的标准，则在这些标准的前言中应列出其他已知的标准或部分的名称，而不必说明标准的结构。如标准分为多个部分时，则可按本《监理总则》的形式编写（示例 2-2）。

> GB/T 19668《信息技术服务 监理》分为以下部分。
>
> ——第 1 部分：总则；
>
> ——第 2 部分：基础设施工程监理规范；
>
> ——第 3 部分：数据中心工程监理规范；
>
> ……
>
> 本部分为 GB/T 19668 的第 1 部分。

示例 2-2

（2）说明标准的提出。标准的提出一般为：标准化技术委员会、归口单位或行业主管部门。一般在前言中列出标准提出的部门、归口单位或技术委员会，应与标准制定、修订计划中所确定的名称一致。如在本《监理总则》中标准的提出表述为：

"本部分由全国信息技术标准化技术委员会（SAC/TC28）提出并归口。"

（3）说明标准的归口。标准的归口一般为国务院标准化行政主管部门划定的各标准化技术委员会或标准化技术归口研究所（单位）。如果标准由全国专业标准化技术委员会归口，则应在委员会名称之后给出委员会的国内代号，并加圆括号。本《监理总则》中将归口单位表述为：

"本部分由全国信息技术标准化技术委员会（SAC/TC28）提出并归口。"

（4）说明标准的起草单位。标准的起草单位即标准的编制单位。标准的起草可以是一个或一个以上的单位。在给出起草单位时应注意要给出单位的全称。

（5）说明标准的主要起草人。标准主要起草人的署名，不仅是为了加强标准起草人的责任感，更有利于对标准技术问题的解释、咨询，便于标准起草人与使用者之间的联系，使标准贯彻中的问题得以尽快处理和解决。另外，署名问题也体现了参与者的科技成果问题，所以，起草人的排序也应该按其贡献大小的实际情况考虑。

2. 前言编制中应该注意的问题

编制标准的前言时，容易出现一些编写不规范现象。编写者（或参加讨论者）可能会错误地认为，可将编制说明中的内容写入标准的前言中，这是不可取的。在举例说明以下一些可能存在的错误现象前，有必要重申正确写法应该遵循本节“与标准制定规则相符合的一致性”原则或按 GB/T 1.1—2009 中的规则编写。为了澄清思想，将一些编写前言过程中常出现的错误举例如下：

（1）在前言中阐述标准的重要意义。有些标准的前言中，一开始就按一些论文及资料的写法，大谈该标准所涉及的领域和国内外有关情况，有些还特别介绍有关技术发展的情况、该产品（或该技术）在国民经济发展中的作用以及该标准的制定对促进技术进步等所具有的重要意义等。产生这类错误的原因，是标准起草者不了解编制标准的基本要求和规则，将标准编制说明中的内容移到了标准的前言中。

（2）介绍标准的立项情况或编制过程。例如有一个行业标准在前言起始部分写了如下内容：

“本标准是全国××××标准化技术委员会××分技术委员会于 1991 年召开的第一届第五次会议上提出，1992 年立项，由××××部中国××××技术研究院组织编写，国家技术监督局派员参加，待经费落实后，于 1994 年组织编写……”。显然，这些内容不属于标准前言的内容，而是标准编制说明的内容。

（3）在前言中给出要求。因为前言是资料性概述要素，因此不应含有要求。这种错误还是较普遍存在的。如果有些要求必须在标准中出现，可将其移到标准的正文中。

2.2 范围与规范性引用文件

2.2.1 范围

GB/T 1.1—2009 规定，每一项标准都应有范围这一章，并且应位于每项标准的起始位置。范围这一章在标准（即《监理总则》）中是一个十分重要的要素。它是规范性的一般要素，而且是必备要素。本节讨论的内容对应《监理总则》的第 1 章“范围”。

与《2005 版总则》相比，《监理总则》的“范围”从“信息化工程新建、升级、改造过程中监理工作的一般原则”改为“信息系统工程建设与运行维护中信息系统工程监理及相关信息技术服务（以下简称监理及相关服务）的一般原则”，同时新增加“监理及相关服务的资质认证及资格认定和监督管理部门”以及“信息系统运行维护服务的供方单位和需方单位”两个适用对象。从“范围”调整的内容可以看出，《监理总则》扩展了原有监理的“范围”，从传统的信息系统工程监理向两端进行了延伸，向前延伸出规划设计服务，向后延伸出运行维护监理服务。

1. 从标准化角度理解《监理总则》中范围的重要性

标准中一切技术内容的规定，都是在“范围”所界定的界限内起作用的；超出了标准的“范围”，这些规定就不合适。任何一个标准中的规定，不可能在任何专业技术领域内都适用，也不是与谁有关拿来就能用，而只能是在所界定的范围、特定的领域内才能具有适用性。因此，“范围”一章的表述是十分重要的。

2. 从技术角度对《监理总则》中范围有关内容的理解

明确了适用的专业范围，即只适用于“信息系统工程”，而不是其他工程，如建筑工程、生物工程等。进一步明确了：信息系统工程建设与运行维护中监理及相关信息技术服务均应包括在内。鉴于我国各行业、各领域信息化建设已处于相对较高水平，越来越多的信息系统或需要更高程度的整合和升级，或已进入运行维护阶段。因此，此次对“范围”进行两端延伸是恰当的和合理的。

这一部分最后还指出本《监理总则》仅为“监理及相关信息技术服务的一般原则”，所谓“一般原则”就是指所制定的标准在监理工作中具有普遍性、基础性，它包括了监理的基本概念、组织形式、监理基本流程、监理基本内容以及实施流程等。它区别于今后进一步开发其他专业领域的监理标准，如基础设施工程监理、数据中心工程监理、运行维护监理、软件工程监理、信息安全监理等部分的标准。

明确了与监理及相关信息技术服务有关系的部门（方面）。《监理总则》考虑到本标准不仅适用于监理工程实施时涉及的各部门和单位，同时在资质认定和监理工作监督管理过程中也应参照该标准，因此适用对象新增加了“监理及相关服务的资质认证及资格认定和监督管理部门”。针对运行维护监理规范的特点，为了保持与运行维护服务对象的称呼统一，增加了运行维护服务的供方单位和需方单位，代替运行维护监理规范中业主单位和承建单位的称呼。

2.2.2　规范性引用文件

GB/T 1.1—2009 规定，“规范性引用文件为可选要素，它应列出标准中规范性引用其他文件的文件清单，这些文件经过标准条文的引用后，成为标准应用时必不可少的文件。文件清单中，对于标准条文中注日期引用的文件，应给出版本号或年号（引用标准时，给出标准代号、顺序号和年号）以及完成的标准名称；对于标准条文中不注日期引用的文件，则不应给出版本号或年号。标准条文中不注日期引用一项由多个部分组成的标准时，应在标准顺序号后标明（所有部分）及其标准名称中的相同部分，即引导要素和主体要素”，本《监理总则》中新增加并引用 GB/T 19001 质量管理体系要求（GB/T 19001—2008，ISO 9001：2008，IDT）和 GB/T 24405.1 信息技术服务管理　第 1 部分：规范（GB/T 24405.1—2009，

ISO/IEC 20000—1：2005，IDT）两个标准，作为质量管理体系和服务管理体系的补充说明，引用的标准将成为本《监理总则》应用时必不可少的文件，在提供信息技术服务时，既要参照本《监理总则》，同时也需符合引用标准的要求。

2.3 术语和定义

2.3.1 术语的标准化特征

从术语开始，我们将进入到 IT 监理核心内容的讨论，并明确它的标准化特征是规范性技术要素和可选要素，下面我们分别进行讨论。

1. 术语的规范性技术要素特征

在标准化技术中，规范性技术要素是标准的主要要素。由于标准化对象不同，如《监理总则》中图 2 监理及相关服务技术参考模型所示的监理对象，它包含了各种类型的信息技术服务；而对这些不同类型技术服务的监理所制定的标准化结构是不同的，即各个标准的构成以及所包含的内容一定会有所差异，这种差异主要体现在构成标准四大要素之一的“规范性技术要素”中。换言之，“资料性概述要素”、“资料性补充要素”和“规范性一般要素”展现的内容是反映各项标准起草时应遵循的共性要求（注意：指它们的共性）；而“规范性技术要素”则是标准的核心，它展现的内容是反映各项标准的个性要求（注意：这是指个性），标准的个性要求主要通过“规范性技术要素”中的组成要素体现，并与其标准化对象相适应，这也是下一步制定各 IT 监理对象的监理标准时应注意的事项。

《监理总则》中属于“规范性技术要素”的组成要素如表 2-1 所示。

表 2-1 规范性技术要素组成表

要 素 名 称	具体组成要素名称	《监理总则》对应章	本书章、节
规范性技术要素	术语和定义	第 3 章	第 2.3 节
	缩略语	第 4 章	第 2.4 节

（续表）

要素名称	具体组成要素名称	《监理总则》对应章	本书章、节
规范性技术要素	监理及相关服务技术参考模型	第 5 章	第 3 章
	监理支撑要素	第 6 章	第 4 章
	监理运行周期的服务内容和监理要求	第 7 章	第 5 章
	监理内容	第 8 章	第 6 章
	监理及相关服务的质量与评价	第 9 章	第 7 章

需要特别说明的是，每项标准的规范性技术要素（包括组成要素）不一定与表 2-1 相同，可以根据标准化对象的不同特征和制定标准的目的合理地增删和调整其编排顺序。

2. 术语可选要素的特征

术语对某一项标准（独立的术语标准除外）来说，是一个可选要素，也是可以酌情取舍的组成要素。

术语是“概念”标准化的结果。实现术语标准化的基础是对同一事物或客体形成一致概念，一个概念一般情况下只对应一个术语。对概念用言简意明的文字（包括图、公式等辅助说明）进行描述，即为定义。

2.3.2　术语选择原则及编写格式

设置“术语”这一要素是为了便于读者对标准文本中用到的术语有共同的理解，并为今后制定和实施标准，以及进行贸易和技术交流奠定良好的基础。

本《监理总则》项目组经过多次讨论决定取消原标准中“专业监理工程师”、“监理辅助人员”和“工程例会”三个术语释义，增加“监理”、“监理员”和“监理大纲”等 10 个术语释义，更加明确 IT 监理相关岗位和关键字释义，最终确定了 25 条术语，并进行了定义。总结起来，这些术语选择原则和编写格式如下。

1. 术语选择的原则

在标准和规范中，所用术语很多，没有必要将其一一列出并进行定义。项目组曾列出几十条术语并进行定义。对于众多的术语和定义，与会者感到思路不清，有的还相互矛盾。经过多次讨论，最后统一思想，认为只有当不对规范中所用术语进行定义，其含义就会引起误解或对技术、业务内容的理解产生困惑、歧义时，才有必要将这些术语列出并进行定义。归纳起来，对术语的选择应按如下原则进行：

（1）只要不是一看就懂或众所周知，或在不同的语境中有不同解释的术语，均应通过定义有关概念予以明确。

（2）由于 IT 监理是一个新兴的且仍在不断发展的技术领域，有很多名词均是新的词汇，有的词甚至在词典中也查不到。因此，重点应放在“监理”的基础性概念中，同时考虑到监理业务和技术中“说不清”、“不肯定”的术语。

（3）所用术语及其定义不能互相矛盾，而应互相呼应。

（4）对于通用词典中的词或通用的技术术语，只有在用于特定含义时，才应对其进行定义。

（5）应避免给商品名（品牌名）、旧称和俗语下定义。

（6）应遵循国标 GB/T 1.1—2009 对术语的要求，尤其是在争论相持不下时，确定一个多数成员赞同的术语选择原则，这也是一个好办法。

（7）所列术语应仅限于本《监理总则》中的某些专用术语，有关专业术语、标准已定义的通用术语，一般不应列入，只需直接引用。

2. 术语编写格式

对编写格式虽然没有什么太大的争议，但往往容易忽略它的统一性、规范性。GB/T 1.1—2009 规定，在该章的标题下，在列出各条具体的术语及其定义之前，应当用如下典型的引导语开头（必要时可做适当修改）：

“下列术语和定义适用于本文件。”

总的来说，编写格式应遵循 GB/T 1.1—2009 正文及其附录 A.4 的编写规则，同时应注意以下三点：

（1）定义既不应采用“要求”的形式，也不应有包含“要求”的词句。

（2）定义的形式应能在上下文中代替其术语。附加的信息应仅以示例或注解的形式给出。

（3）不标明适用范围的定义可看作术语的一般含义。在特殊语境中的特定含义应标明其所属的专业领域。

具体格式在本《监理总则》中已体现出来。

2.3.3　术语分类及其解析

本《监理总则》中的 25 条术语是项目组经过多次讨论最终确定的，并进行了多次修改。目前的术语及定义比较准确、实用，为其他部分的监理标准的编制奠定了良好的基础。

根据 IT 监理的专业范围，可将这些术语分为三大类，对其中有特殊意义或重要的术语，我们将详细讨论和解释。由于信息技术发展迅速，而 IT 监理更是新生的技术领域，很多术语的称呼和写法不一样，但原意都一样，因此，有必要详细说明本《监理总则》所指明的含义，并制作一个术语称呼对照表，把原意相同但称呼不同的术语作一对照，以免读者遇到不同名称时感到困惑。

1. 术语分类

本《监理总则》按照上述原则共选择了 25 条术语及其定义，根据这些术语的含义将其分成三类（如图 2-1 所示），即组织机构类、人员组成类和监理技术业务类。下面将分别进行讨论，重点放在前两类。第三类的部分内容放在后面各章节中结合监理进程中的具体事项进行讨论。

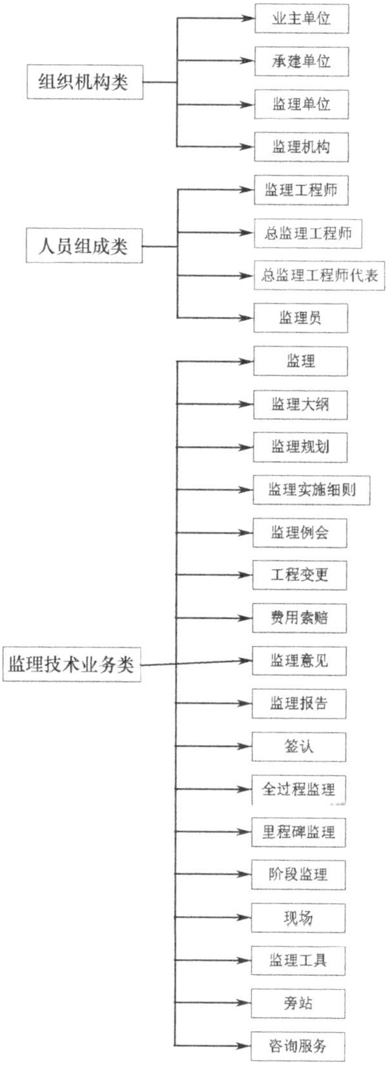

图 2-1 《监理总则》中的术语类型

2. 术语解释

下面将对三个不同类型的术语进行解释。

1）组织机构类的术语

这一类术语在标准中占有很重要的地位。

- 业主单位和承建单位

这一类术语（图 2-1）的前两项——业主单位和承建单位构成了目前我国信息技术服务市场的主体，即通常说的甲、乙两方。他们是 IT 监理市场赖以生存的基础，这是业主单位和承建单位在信息技术服务市场中重要性的体现；另一方面，这两方单位的称谓较多，容易造成混淆，因此，项目组先将这个基础层的双方的名称界定下来，并从市场经济的角度，在术语上给予明确的定义，如对业主单位的定义："具有信息系统工程（含运行维护）发包主体资格和支付工程及相关服务价款能力的单位。"当然，在信息技术服务市场中，业主单位（即工程项目的甲方）的实际情况有时也很复杂，比如说工程经费由上级主管部门拨付，而签约单位只是代管工程项目的建设，而工程项目建成后的运行又是另一个单位负责。不管情况如何复杂，作为一个国家标准，就应根据标准中对业主单位的定义，界定其资格和能力，实施下一步的监理工作。

而承建单位的定义中"取得相应等级资质"是指近年来在国家或地方信息系统工程建设主管部门取得计算机系统集成或运行维护等资质认证证书的内容。如果连基本的资质认证手续都未办，即使有法人资格或其他技术力量也是不合法的。

以上就是术语中"业主单位"和"承建单位"的简单注解。以下将重点讨论"监理单位"和"监理机构"的性质和关系，这也是 IT 监理界最关心的事情。

- 监理单位

这是一个泛指从事 IT 监理工作的组织机构名称。在该名称概念下，实际存在的单位都应有具体名称，如×××信息工程监理公司、×××信息技术咨询监理公司等。

对于监理单位的概念，本《监理总则》术语中 3.3 定义为："具有独立企业法人资格，取得国家及相关主管部门颁发的相应等级资质，为业主单位提供监理及相关服务的单位。"这里所称的"相应等级资质证书"是指国家一级（即面向全国的）应取得国家及相关主管部门颁发的资质证书。为什么强调必须有资质认证的概念？这是为了使 IT 监理市场一开始就能规范化地运行和经营，有序健康地发展。信息系统工程建设和运行的监督、管理有赖于 IT 监理的发展，同时对 IT 监理企业的监督和管理提出了更高的要求。

- 监理机构

它是执行具体监理任务的机构，本《监理总则》术语中 3.5 定义为："当监理单位对信息系统工程项目实施监理及相关服务时，负责履行监理合同的组织机构。"监理机构的生命周期取决于监理单位与业主单位签订的某一信息系统工程项目的合同规定。一般来说，监理单位接到监理任务后，就应书面聘请总监理工程师，成立监理机构，并书面通知业主单位（即工程项目的甲方）和承建单位（或通过业主单位书面通知），从此时开始，监理机构完全代表监理单位对工程项目的监理负责，对所监理的工程项目全过程进行监理活动。IT 监理过程完成之时就是监理机构撤销之日。

监理机构的组织形式可根据监理委托合同中规定的监理任务（含性质、规模、工期长短和工期的复杂性）、监理机构本身的人员数量、技术水平和现有承担任务的多少等选择。

2）人员组成类的术语

这一类术语同样在规范中占有重要的地位，因为对人员组成结构及其准确的定位，牵涉到 IT 监理领域中一大批技术和管理人员，为此国家及相关主管部门同样也出台了关于监理工程师资格认证的政策法规。在这一类术语中，重点将放在对"监理工程师"、"总监理工程师"和"总监理工程师代表"等术语的理解上。

- 监理工程师

《监理总则》中的 3.6 条首先指出监理工程师是由监理单位正式聘任的，而后定义了一个“资格”，即监理单位正式聘任的、取得国家相关主管部门颁发的信息系统工程监理工程师资格证书的专业技术人员。也就是说，取得了监理工程师资格证书的专业技术人员，不等于就能从事项目的监理工作，还需要通过监理单位的聘用。

- 总监理工程师和总监理工程师代表

在术语中定义的这两个名词，实质是指在监理机构中有这两个职务。总监理工程师在一个信息系统项目的监理机构中是必须有的，而总监理工程师代表则可有可无。通常是由于在一些大的监理机构中，有的总监理工程师兼的项目太多，或某个大型、特大型项目中，总监理工程师任务太重，由总监理工程师代表去做一些具体事务性工作，这是合情合理的。但对于总监理工程师及其代表，均要求他们本身必须具有监理工程师资格，上一段所讨论的为什么在术语中设置监理工程师这一项也是同样的道理。同时，还要求他们必须被“书面”授权。要求有书面的文字性的授权，意味着他们承担的责任是合法的。他们的职权范围将在另一章详细讨论。

- 监理员

原标准中定义了“监理辅助人员”这一术语，因该术语所指的范围比较宽泛，无具体的岗位职责，不能够指导实际的工作，因此本总则中定义“监理员”这一术语用于代替“监理辅助人员”这一术语，同时在本总则 6.3.2.2.4 监理员的职责一节中明确了监理员的职责。本总则中监理员这一职称虽然属于初级职称，但监理员必须通过监理业务的培训，术语中定义的所谓“具有同类工程相关专业知识”，就是指监理工作中，有软件开发的，有硬件安装、调试的，也有施工布缆或设备验收的。由于信息技术服务专业领域跨度较大，如果让初级职称的监理员去完成专业不熟悉的监理工作，有可能会造成不良后果。

3）监理技术业务类的术语

在本总则中增加了全过程监理、里程碑监理、阶段监理、现场、监理工具、旁站以及咨询服务等监理技术方法和业务相关术语，为便于读者理解以上新增术语的含义，本节将对新增的术语加以释义。

- 全过程监理、里程碑监理和阶段监理

在术语中定义的这三个词，具备一致性，同时又存在差异。一致性在于它们均指监理机构需根据委托监理及相关服务合同而开展监理工作，差异在于其监理工作模式和工作内容不同。全过程监理贯穿信息系统工程的整个生命周期，包括部署实施部分的招标、设计、实施和验收以及运行维护部分中招标、实施和评价及认定阶段的监理工作，本标准 6.2.5 节指出监理服务宜采用全过程监理，即推荐信息系统工程采用全过程监理方式。当然针对项目建设内容较少，具备类似项目建设经验或具备专业的信息技术人员的业主单位也可采用里程碑监理或者阶段监理。读者可能对里程碑监理和阶段监理之间的区别存在一些困惑，为使读者理解两个词语的不同，可以将其比喻成点和线段，其中里程碑监理为点的确认，即在工程关键里程碑节点产生的结果进行确认的监理工作；而阶段监理指某些特定的阶段开展的监理工作，如验收阶段开展的验收监理即为阶段监理。

- 现场与旁站

按照读者一般的思维，现场应该是指信息系统工程建设实施的地点，即项目的建设地点。但是对于提供监理及相关技术服务的监理单位来说，监理单位为业主单位提供的产品是信息技术服务，那么开展服务的地方就应该是监理的实施现场，故在本总则中明确了现场应该是指开展项目所有监理及相关服务活动的地点，而不仅仅是指信息系统工程建设实施的地点，如在运行维护阶段的监理，在辅助业主进行运维阶段服务商选择和招标时，在业主单位或者招标公司开展一系列运维监理工作，那么业主单位或者招标公司即为现场。

对“现场”这一术语作出释义后，再来看一下“旁站”这个术语。本总则中旁站的解释是“在关键部位或关键工序施工过程中，由监理人员在现场进行的监督或见证活动”，明确了开展旁站的前提是在关键部位或关键工序施工过程中，而不是项目建设或运行维护的任何时间点；明确了开展旁站工作的主体是“监理人员”，同时明确了开展旁站的地方，即“现场”，最后明确了旁站需开展的工作为监督和见证。对于一个信息系统工程的建设和运行维护，旁站工作起到了至关重要的作用，有效的监督承建单位在关键节点或关键工序的施工或运维质量。

- 监理工具

通常情况下，监理机构需借助一定的监理工具来辅助监理及相关技术服务工作的有效开展。现在许多监理单位构建了内部监理管理系统，用于管理和跟踪本单位的监理项目；在进行机房或弱电类项目建设监理时，可利用一系列智能建筑检测工具检测项目的实施是否符合建设要求。本总则中准确概括了“监理工具”这一术语，即“在监理及相关服务过程中，监理机构用于日常办公、监督、管理、检测等方面所需的设备或系统”；监理工具的使用不仅节省了许多人力或资源成本，同时保证了监理的质量，为监理人员在实施监理及相关服务的过程中提供了便利。

- 咨询服务

该术语为本总则中新增的术语，是指监理机构可根据委托专项服务合同，提供专业的规划设计或支撑服务。因本总则中监理服务内容增加了规划设计部分的咨询服务，监理机构除为业主提供信息系统工程建设和运维阶段的监理工作外，还可为业主单位提供工程项目的总体规划、可行性研究、初步设计、技术方案论证和方案优化等规划设计部分的咨询服务，故特列出咨询服务这一术语，用于明确该项服务不包含在普通监理工作内容之内，需业主单位与监理机构签订专项的委托咨询服务合同。

除以上新增术语外，监理规划和监理实施细则是任何监理项目都必须有的，后面有专门的章节详加叙述。其他各项术语也体现在具体监理实施（《监理总则》第 7、8 章）进程中，这里也不再赘述，可注意具体实施监理时这类术语的相关内容。

2.3.4 意思相近的术语对照表

为便于读者对 IT 监理资料、文件和文档中出现的意思相同但表达各异的名词术语心中有数，我们将搜集到的与 IT 监理有关的术语列在表 2-2 中，以供参考。

表 2-2 有关术语称呼对照表

本书称呼	其他相应的称呼
IT 监理	信息系统工程监理、信息工程建设监理、信息工程监理、信息化监理、信息技术服务监理
业主单位	建设单位、业主、发包单位、业主方、甲方
承建单位	承包单位、承包商、集成商、开发商、承建方、乙方
监理机构	监理方、社会监理机构、监理公司
监理规划	项目监理规划、监理计划
监理实施细则	监理细则、项目监理实施方案
IT 监理标准	信息系统工程监理规范、信息化工程监理规范

2.4 缩略语

在我国标准中，缩略语专指由外文词组构成的短语的缩写形式，即缩略语均由拉丁字母组成，每个字母后面没有下脚点（例如，IT）。通常情况下，如缩略语无特殊技术准则要求，缩略语宜按照字母顺序排列。

本《监理总则》中，共提出三个缩略语，分别为 IT、ITSS®和 SLA，其中 IT 较为常见，全拼为 Information Technology，即信息技术。伴随着信息技术的高速发展，同其他行业一样，IT 服务行业也形成了一套系统的体系标准和方法，即 ITSS®，英文全拼为 Information Technology Service Standards，中文释义为信息技术服务标准。该标准是在工业和信息化部、国家标准委的领导和支持下，由 ITSS

工作组研制的一套 IT 服务领域的标准库和一套提供 IT 服务的方法论。本《监理总则》不仅制定参照了 ITSS®，执行也符合 ITSS 信息技术服务标准的要求。SLA 为 Service Level Agreement 的缩写，即服务级别协议，本《监理总则》的 7.3.1.3 节中提及“运维服务级别协议（SLA）”，也就是按照业主单位的需求制订的符合业主单位运维服务要求等级的合同协议，在法律效益上等同于合同，同时比普通合同更加明确服务内容和服务等级水平。

第 3 章　监理及相关服务技术参考模型

3.1　ITSS®介绍

2010 年 10 月，中国计算机信息系统集成十周年总结大会暨中国信息服务业高峰论坛在京举行，信息技术服务标准（ITSS）白皮书正式发布。信息技术服务标准（Information Technology Service Standards，ITSS）是一套体系化的信息技术服务标准库，全面规范了信息技术服务产品及其组成要素，用于指导实施标准化的信息技术服务，以保障其可信赖。ITSS 是在工业和信息化部软件服务业司的指导下，由信息技术服务（以下简称“IT 服务”）标准工作组组织研究制定的，是我国信息技术服务行业最佳实践的总结和提升，也是我国从事 IT 服务研发、供应、推广和应用等各类组织自主创新成果的固化。

3.1.1　ITSS®的原理

ITSS 充分借鉴了质量管理原理和过程改进方法的精髓，规定了 IT 服务的组成要素和生命周期，并对其进行标准化。ITSS®原理如图 3-1 所示。

1. IT 服务的组成要素

IT 服务的组成要素包括人员（People）、过程（Process）、技术（Technology）和资源（Resource），简称 PPTR。

（1）人员：指提供 IT 服务所需的人员及其知识、经验和技能要求。

（2）过程：指提供 IT 服务时，合理利用必要的资源，将输入转化为输出的一组相互关联和结构化的活动。

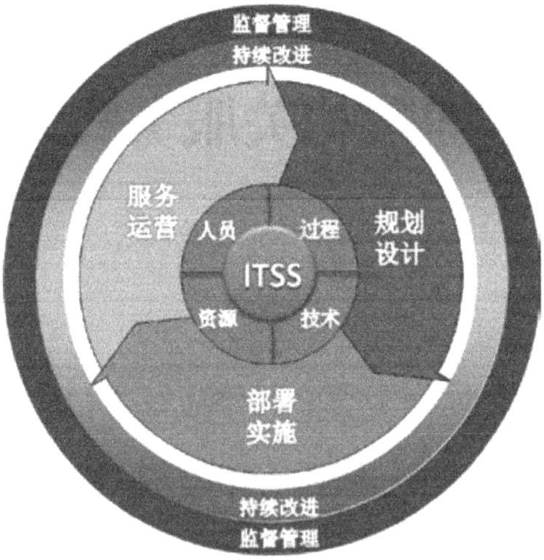

图 3-1　ITSS®原理图

（3）技术：指交付满足质量要求的 IT 服务应使用的技术或应具备的技术能力。

（4）资源：指提供 IT 服务所依存和产生的有形及无形资产。

2. IT 服务的生命周期

IT 服务的生命周期：包括规划设计（Planning & Design）、部署实施（Implementing）、服务运营（Operation）、持续改进（Improvement）和监督管理（Supervision），简称 PIOIS。

（1）规划设计：从客户战略出发、以客户需求为中心，参照 ITSS 对 IT 服务进行全面系统的战略规划和设计，为 IT 服务的部署实施做好准备，以满足客户需求。

（2）部署实施：在规划设计的基础上，依据 ITSS 建立管理体系、部署专用工具及服务解决方案。

（3）服务运营：根据服务部署情况，依据 ITSS，采用过程方法，全面管理基础设施、服务流程、人员和业务连续性，实现业务运营与 IT 服务运营融合。

（4）持续改进：根据服务运营的实际情况，定期评审 IT 服务满足业务运营的情况，以及 IT 服务本身存在的缺陷，提出改进策略和方案，并对 IT 服务进行重新规划设计和部署实施，以提高 IT 服务质量。

（5）监督管理：本阶段主要依据 ITSS 对 IT 服务全生命周期的服务质量进行评价，并对服务供方的服务过程、交付结果实施监督和绩效评估。

因此，本部分是 ITSS 系列标准的重要组成部分，如 ITSS 原理图所示的监督管理部分。

如果将上述两个方面与传统的工业、农业产品相比较，则 IT 服务的组成要素相当于“生产要素”，而 IT 服务的生命周期就相当于“生产过程和方法”。因此，ITSS 主要由 IT 服务的组成要素、生命周期的相关标准组成，解决了“生产要素”和“生产过程和方法”的标准化问题。

3.1.2　ITSS®的内容

ITSS 的内容即为依据上述原理制定的一系列标准，是一套完整的 IT 服务标准体系，包含了 IT 服务的规划设计、部署实施、服务运营、持续改进和监督管理等全生命周期阶段应遵循的标准，涉及咨询设计、集成实施、运行维护、服务管控、服务运营和服务外包等业务领域。

3.1.3　ITSS®的核心价值

ITSS 的核心价值是确保提供可信赖的 IT 服务，并通过“可信赖”促进供需双方在 IT 服务质量和成本之间取得平衡。

本质上 ITSS 本身并不是供需双方之间直接交易的 IT 服务，而是一套以 ITSS 为核心、针对 IT 服务的保障体系—即通过标准化，确保 IT 服务对供需双方而言都是可信赖的。在建立 IT 服务的保障体系方面，ITSS 的价值主要体现在以下几个方面。

（1）提供体系化的标准库：构成 ITSS 的各类标准之间是相互关联、相互支持的，是供需双方之间就 IT 服务质量和成本达成一致的共同语言。

（2）提供全方位的服务：除了标准以外，围绕 ITSS 可提供咨询、培训、认证、服务质量评价、监理以及全面解决方案等服务，确保 ITSS 应用具备良好的基础，并将 ITSS 与信息技术服务业的发展紧密结合。

（3）促进服务需方与服务供方的相互信任。

（4）推动信息技术服务产业的健康和快速发展。

3.1.4　ITSS®的标准体系

2015 年 5 月 27 日，第十九届国家软件博览会新闻发布会上发布了最新版的 ITSS 4.0 体系框架，如图 3-2 所示。

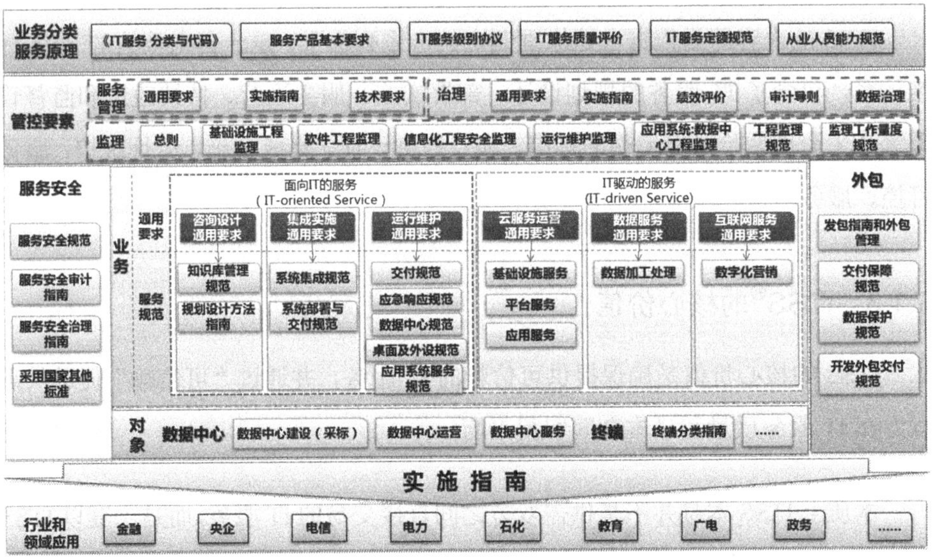

图 3-2　ITSS 体系框架 4.0

与早先的框架相比，此次调整将监理移至上端，与服务管理和治理共同组成 IT 服务的管控要素，通过对信息技术服务的治理、管理和监理活动，确保信息技术服务经济有效。

信息技术服务管控模型如图 3-3 所示。由 IT 治理确定信息技术服务管理的目标要求，信息技术服务管理依据既定的信息技术服务目标要求实施管理，并由 IT 监理对服务质量、进度、投资等进行监督管理，将结果输出给 IT 治理，IT 治理依据监理输出的结果对目标要求进行优化，形成一个持续改进的闭环。

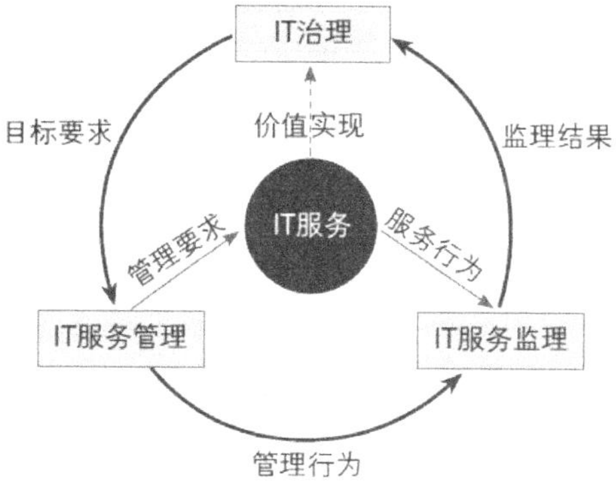

图 3-3　信息技术服务管控模型

3.2　技术参考模型

本部分的技术参考模型（以下简称参考模型）由四部分组成，即监理支撑要素、监理及相关服务运行周期（以下简称监理运行周期）、监理及相关服务对象（以下简称监理对象）和监理内容，这四部分的相互关系如图 3-4 所示。

参考模型表明，信息系统工程监理及相关服务工作应建立在监理支撑要素的基础上，根据工程项目的需要，在监理运行周期的部署实施和运行维护（包含在 ITSS®服务运营中）部分，结合各项监理内容，对监理对象进行监督管理及提供相关信息技术服务。对监理运行周期的规划设计部分主要提供相关信息技术咨询服务。

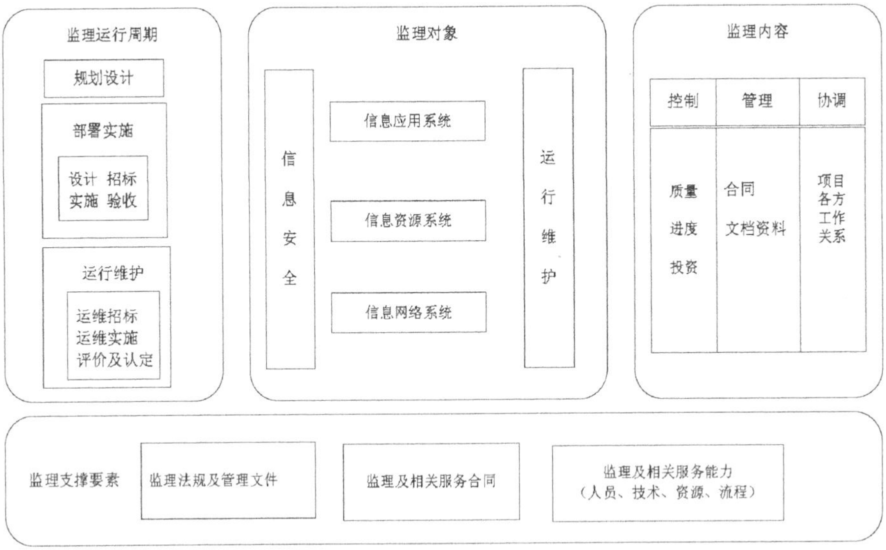

图 3-4　监理及相关服务技术参考模型

3.3　参考模型内容

1. 监理支撑要素

监理支撑要素包括三个方面的内容：监理法规及管理文件、监理及相关服务合同（简称监理合同）和监理及相关服务能力（简称监理服务能力），其中，监理服务能力要素由以下四部分组成[以下用 a)，b）…等编号为《监理总则》原编号]。

a）人员：主要包括总监理工程师、总监理工程师代表、监理工程师、监理员、外部技术协作体系、人力资源管理体系等。

b）技术：主要包括监理工作体系、业务流程研究能力、监理技术规范、质量管理体系、监理大纲、监理规划、监理实施细则（以下简称监理细则）等。

c）资源：包括监理机构、监理设施、监理知识库及监理案例库、检测分析工具及仪器设备、企业管理信息系统等。

d）流程：包括项目管理体系、客户服务体系、监理及相关服务的制度和流程等。

可以看出，监理服务能力要素与 ITSS 原理图中的表述是一致的。

参考模型中有关部分功能如下：

（1）监理法规及管理文件是监理单位必须满足和实现的基本项；

（2）监理合同是监理单位进行监理及相关服务的法律性依据；

（3）人员、技术、资源和流程等内容体现了监理单位的监理服务能力。

监理服务能力：监理大纲是监理单位承担信息系统工程项目的监理及相关服务的法律承诺，监理规划是实施监理及相关服务工作的指导性文件，监理机构按照监理规划中规定的工作范围、内容、制度和方法等编制监理实施细则（简称监理细则），开展具体的监理及相关服务工作。

标准中的以上要求，与信息系统工程监理单位资质的要求相呼应。根据工业和信息化部计算机信息系统集成资质认证工作办公室 2012 年 5 月 2 日发布的《信息系统工程监理单位资质等级评定条件（2012 年修订版）》与《信息系统工程监理单位资质等级评定条件实施细则》，企业申报、变更监理资质，除综合条件、财务状况、信誉、业绩等要求外，对企业管理能力、技术实力、人才实力都有相应的明细条款，从而在资质管理和标准两个方面对从业企业的要求实现统一。

2. 监理运行周期

根据 ITSS 体系对 IT 服务的生命周期的划分，监理运行周期可分为规划设计、部署实施、运行维护（简称运维，包含在 ITSS 的服务运营中）等三部分。每一部分由若干阶段组成[以下用 a)，b）…等编号为《监理总则》原编号]：

a）规划设计部分。

b）部署实施部分——招标阶段、设计阶段、实施阶段、验收阶段。

c）运行维护部分——运维招标阶段、运维实施阶段、评价及认定阶段。

相比《规范总则》，新版标准（《监理总则》）将监理阶段改为监理运行周期，依据了 ITSS 原理图中 IT 服务的生命周期的划分，分为规划设计、部署实施和运行维护三个部分，原标准中的招标、设计、实施、验收四个阶段统一归到部署实施部分。《信息系统工程监理单位资质等级评定条件实施细则》中指出：信息系统工程监理及相关信息技术服务包括对信息系统工程实施的监理服务、信息技术咨询服务和测试评估服务。其中信息技术咨询服务包括信息化规划、信息技术管理咨询等。因此，在资质管理和标准两个方面，对监理服务的范围都做了延伸。

3. 监理对象

本部分中的监理对象是指各种类型的信息系统工程。监理对象包括五个方面：信息网络系统、信息资源系统、信息应用系统、信息安全和运行维护。

原信息产业部在 2002 年 12 月 15 日发布的《信息系统工程监理暂行规定》（信部信［2002］570 号）中指出（以下编号为原文件编号）：

信息系统工程是指信息化工程建设中的信息网络系统、信息资源系统、信息应用系统的新建、升级、改造工程。

（1）信息网络系统是指以信息技术为主要手段建立的信息处理、传输、交换和分发的计算机网络系统。

（2）信息资源系统是指以信息技术为主要手段建立的信息资源采集、存储、处理的资源系统。

（3）信息应用系统是指以信息技术为主要手段建立的各类业务管理的应用系统。

而信息安全与运行维护是各类信息系统在新建、升级、改造过程中自始至终需要考虑的 IT 服务。

因此，此次标准修订在监理对象的称谓和内涵方面，与资质管理有关要求统一。

4. 监理内容

监理内容是指在建设与运行周期的各部分（除规划设计部分外）、各阶段对信息系统项目的质量、进度和投资进行控制，对项目合同和文档资料进行管理，协调有关各方面的工作关系（即三控、两管、一协调）。此外，还应根据信息系统项目特点，对知识产权进行管理。相比原版标准，监理内容没有太大变化，仍旧保留所谓的“三控、两管、一协调”，但因为监理运行周期的拓展（向前包括规划设计，向后包括运行维护）和监理支撑要素中对监理及相关服务能力（人员、技术、资源、流程）的细化，对监理内容的要求更高。监理及相关服务的从业企业应深刻理解此次周期拓展和要素细化对企业市场拓展、内部能力提升、服务水平要求带来的变革。

第4章　监理支撑要素

4.1　监理法规及管理文件

法律法规、标准规范是我们开展任何工作的前提和准绳，监理及相关服务开展的各项工作同样需要遵循法律法规及相关管理文件的要求。

作为信息系统工程建设中独立的第三方机构，《信息系统工程监理暂行规定》（信部信［2002］570号）（以下简称《监理暂行规定》）中明确规定：

- 信息系统工程监理是指依法设立且具备相应资质的信息系统工程监理单位，受业主单位委托，依据国家有关法律法规、技术标准和信息系统工程监理合同，对信息系统工程项目实施的监督管理（第四条）。
- 从事信息系统工程监理活动，应当遵循守法、公平、公正、独立的原则（第十条）。

《监理暂行规定》对监理单位的权利和义务（第十八条）规定：

- （一）应按照“守法、公平、公正、独立”的原则，开展信息系统工程监理工作，维护业主单位与承建单位的合法权益。
- （六）在监理过程中因违反国家法律、法规，造成重大质量、安全事故的，应承担相应的经济责任和法律责任。

监理法规及管理文件是监理单位必需满足和实现的基本项，在信息系统工程建设过程中，监理单位开展监理及相关服务应遵守的与监理有关的法规文件包括国家批准实施的各类法律条款、监理工作开展相关的政府批文、信息系统工程建设相关的政策规定，而监理作为信息技术服务的一种，监理单位在开展相关业务时，同样应遵循信息技术服务有关的政策、法规，以及相应的标准规范等。

监理单位开展监理及相关服务应遵守的法规文件包含但不限于如下内容。

- 《中华人民共和国合同法》
- 《中华人民共和国招标投标法》
- 《中华人民共和国政府采购法》
- 《中华人民共和国著作权法》
- 《中华人民共和国产品质量法》
- 《信息系统工程监理暂行规定》（信部信［2002］570号）
- 《信息系统工程监理单位资质等级评定条件（2012年修订版）》（工信计资［2012］8号）
- 《信息系统工程监理单位资质等级评定条件实施细则》（工信计资［2012］9号）
- 国家电子政务工程建设项目管理暂行办法（中华人民共和国国家发展和改革委员会令第55号）
- 关于印发《政府购买服务管理办法（暂行）》的通知（财综［2014］96号）
- 《财政部关于推进和完善服务项目政府采购有关问题的通知》（财库〔2014〕37号）

与监理有关的法规文件若出台新版本，监理及相关服务应以新版本文件为依据。

4.2　监理合同

监理合同是“监理服务委托合同”的简称。根据《中华人民共和国合同法》的规定：合同是平等主体的自然人、法人和其他组织之间设立、变更、终止民事权利义务关系的协议。监理合同属于委托合同，是业主单位委托监理单位从事工程的质量、进度和投资管理，运行维护管理或者提供专项咨询服务的合同。订立合同的形式可以是书面形式、口头形式和其他形式。为了保护业主单位和监理单位的共同利益，业主单位和监理单位应该以书面的形式签订监理服务委托合同，其中书面形式是指合同书、信件和数据电文（包括电报、电传、传真、电子数据交换和电子邮件等）等有形的表现所载内容的形式。

1. 监理合同内容

《监理总则》中 6.2.1 规定：“监理合同内容主要包括：监理及相关服务内容、服务周期、双方的权利和义务、监理及相关服务费用的计取和支付、违约责任及争议的解决办法和双方约定的其他事项”。其中，监理及相关服务内容主要描述实施监理的地点、目标及其提供咨询专项服务等内容；相较《2005 版总则》4.1.1 条款规定，《监理总则》中监理合同内容不仅包含信息系统工程建设监理的内容、周期、权利和义务以及计费和支付等，同时还包括了信息系统工程运行维护监理以及其他项目建设技术咨询服务等的内容、周期、权利和义务以及计费和支付等。监理及相关服务周期是指监理机构为业主单位提供监理及相关信息技术服务的时间周期，在监理合同中需明确监理及相关服务的开始时间和结束时间，从而切实保障业主单位和监理单位双方利益，减少因服务期限不明确而产生的法律纠纷。双方的权利和义务应该描述业主单位和监理单位在工程建设和运行过程中所承担的义务以及所应具备的权利。监理及相关服务费用的计取和支付，应描述监理单位为业主单位提供监理及相关服务费用的额度、支付时间以及支付方式等。违约责任及争议的解决办法阐述当事人一方不履行合同义务或者履行合同义务不符合约定时，应当承担的继续履行、采取补救措施或者赔偿损失等违约责任。双方约定的其他事项可以包括业主单位的工作人员、业主单位应提供的监理人员现场工作场地及其辅助办公设施、合同争议的解决方式（例如，可以采用协商、调解、诉讼和仲裁等争议解决途径和方式）等内容。

2. 监理合同特征

（1）监理合同的当事人双方应当是具有民事权利能力和民事行为能力、取得法人资格的企事业单位、其他社会组织，个人在法律允许范围内也可以成为合同当事人。委托人必须是有国家批准的信息系统建设和运行项目，落实投资计划的企事业单位、其他社会组织及个人。监理人必须是依法成立具有法人资格的监理单位，并且所承担的工程监理业务应与单位资质相符。

（2）监理合同的订立必须符合工程项目建设和运行程序。

（3）监理合同的目的是服务，即监理工程师凭据自己的知识、经验、技能受业主委托为其所签订的合同的履行实施提供监督、管理以及咨询等相关技术服务。

3. 监理合同条款结构

监理合同是委托任务履行过程中当事人双方的行为准则，因此内容应全面、用词要严谨。合同条款的组成结构应至少包括以下几个方面：

（1）合同内所涉及的词语定义和遵循的法规；

（2）监理服务内容和范围；

（3）监理服务周期；

（4）监理人的权利和义务；

（5）委托人的权利和义务；

（6）监理及相关服务费用计取方式；

（7）监理及相关服务费用支付方式

（8）监理人违约责任；

（9）委托人违约责任；

（10）合同生效、变更与终止；

（11）争议的解决办法；

（12）双方约定的其他事项等。

4. 监理合同的组成

根据国办发（1990）13 号文件、国家工商局（1990）133 号文件精神，合同示范文本制度已于 1990 年 10 月 1 日起在全国逐步推行。这是贯彻执行《合同法》，提高合同履约率，强化合同管理，整顿流通秩序的一项重要措施，它对于规范合同当事人的签约行为和经营行为，保护其自身的合法权益，健全社会主义法制，起到了积极作用。同样，监理合同也应有其示范文本，监理合同示范文本由合同协议书、标准条件和专用条件三部分组成，标准条件和专用条件均应作为监理合同的重要组成部分，同样起到约束合同双方和保证合同双方利益的作用。

1）合同协议书

"合同协议书"是一个总的协议，是纲领性文件。主要内容是当事人双方确认的委托监理工程的概况（工程名称、地点、规模及总投资）；合同签订、生效、完成等；双方愿意履行约定的各项义务的承诺，以及合同文件的组成。监理合同除"合同协议书"之外还应包括：

- 监理投标书或中标通知书；

- 监理委托合同标准条件；
- 监理委托合同专用条件；
- 在实施过程中双方共同签署的补充与修正文件。

“合同协议书”是一份标准的格式文件，经当事人双方在有限的空格内填写具体规定的内容并签字盖章后，即发生法律效力。

2）标准条件

内容涵盖了合同中所用词语定义，适用范围和法规，签约双方的责任、权利和义务，合同生效、变更与终止，监理报酬，争议解决以及其他一些情况。它是监理合同的通用文本，适用于各类信息技术监理委托，是所有签约工程及相关服务都应遵守的基本条件。

3）专用条件

由于标准条件适用于所有的信息技术监理委托，因此其中的某些条款规定得比较笼统，需要在签订具体工程项目的监理委托合同时，就地域特点、专业特点和委托监理项目的特点，对标准条件中的某些条款进行补充、修正。如对委托监理的工作内容而言，认为标准条件中的条款还不够全面，允许在专用条件中增加双方议定的条款内容。

所谓“补充”是指标准条件中的某些条款明确规定，在该条款确定的原则下，在专用条件的条款中进一步明确具体内容，使两个条件中相同序号的条款共同组成一条内容完备的条款。

所谓“修改”是指标准条件中规定的程序方面的内容，如果双方认为不合适，可以协议修改。如标准条件中规定“委托人对监理人提交的支付通知书中酬金或部分酬金项目提出异议，应在收到支付通知书 24h 内向监理人发出异议的通知。”

如果委托人认为这个时间太短，在与监理单位协商达成一致意见后，可在专用条件的相同序号内延长时效。

5. 监理服务内容和服务范围的确定

监理合同中监理及相关服务内容可由业主单位和监理单位根据项目实际情况商议决定。根据《监理总则》6.2.2 条款要求，“监理及相关服务合同可按 5.3.2 中选择的各部分单独或合并签订，并将各部分服务范围及费用在合同中明确”，即在签订监理合同时，需在合同中明确本次服务范围为 ITSS 体系监理运行周期中哪一部分，涉及服务部分的取费如何，如在 ITSS 体系规划设计阶段，为业主单位提供可行性研究报告咨询服务，服务取费可参照国家计委关于印发《建设项目前期工作咨询收费暂行规定》的通知（计价格［1999］1283 号）文件按照工程投资额分档收费计算方法取费。这样，使得监理合同更能够发挥其法律效益，明确合同双方的权利和义务，指导监理工作实施人员按要求履行合同条款。同时，新标准指出“监理服务宜采用全过程监理，也可采用里程碑监理或阶段监理”，由于信息工程项目具备技术含量高、非专业人员难于介入和把握等特点，建议业主单位在签订合同时，选择全过程监理，即专业监理人员为信息工程项目提供全过程监理及相关技术服务，保证项目建设质量的同时，降低因项目管理不当造成的项目延期、超支甚至建设失败等风险。当然，针对项目建设内容较少，具备类似项目建设经验或具备专业的信息技术人员的业主单位，也可采用里程碑监理或阶段监理，故监理服务内容和服务范围的选择需视情况而定。

监理合同是一种法律文件，是监理单位实施监理工作的法律依据，也是业主单位和监理单位解决纠纷的根据。因此，业主单位和监理单位应该就合同内容进行充分讨论，并仔细斟酌监理合同的各项条款，防止合同失效或发生不应有的纠纷。例如《中华人民共和国合同法》中有一些合同无效的规定：

（1）一方以欺诈、胁迫的手段订立合同，损害国家利益；

（2）恶意串通，损害国家、集体或者第三人利益；

（3）以合法形式掩盖非法目的；

（4）损害社会公共利益；

（5）违反法律、行政法规的强制性规定。

这些问题应予以必要的重视和注意。

在合同条款内容谈判并商定完毕后，也应该充分注意合同签字和盖章的问题。实践过程中，首先是单位之间、单位和个人之间大量合同条款的商谈由直接当事人完成，如经办人员、业务员等；其次由法定代表人或其授权人签字，加盖单位印章或合同专用章，监理合同方为有效。因此，监理合同签署过程中应避免出现未经授权的经办人员签字、内部机构印章，以防止监理合同存在法律效力上的瑕疵。

在监理过程中出现的合同修改和更改，业主单位和监理单位应该避免采用口头协议或临时交换函件的形式，而应采用正式文件、信件协议或补充协议等书面形式；如果合同内容变更很大，应该重新签订一份新合同。

监理合同关系的解除也应该依据合法的途径予以解决。一般情况下，监理合同的解除分为约定解除和法定解除。监理合同当事人协商一致，可以解除合同。当事人可以约定一方解除合同的条件。解除合同的条件成立时，解除权人可以解除合同。有下列情形之一的，监理合同当事人可以解除合同：

（1）因不可抗力致使不能实现合同目的；

（2）在履行期限届满之前，当事人一方明确表示或者以自己的行为表明不履行主要债务；

（3）当事人一方迟延履行主要债务，经催告后在合理期限内仍未履行；

（4）当事人一方迟延履行债务或者有其他违约行为致使不能实现合同目的；

（5）法律规定的其他情形。

守约当事人可以行使单方解除权，解除合同通知到达另一方时生效。

4.3 监理服务能力

4.3.1 概述

监理单位应根据监理及相关服务范围，在人员、技术、资源、流程等四方面，建立和完善服务能力体系。

此条要求与 ITSS 原理图中的四个核心要素是一致的。基于 ITSS 原理延伸的运维、咨询、集成、监理等 IT 服务能力建设均围绕四核心开展。同时，2012 年 5 月 2 日发布的《信息系统工程监理单位资质等级评定条件实施细则》中从综合条件、财务状况、信誉、业绩、管理能力、技术实力、人才实力等 7 个方面对监理企业的资质管理提出具体要求，此部分的监理服务能力要求与 ITSS 原理一致，也与监理企业资质管理办法一致。

人员方面，既有原标准中规定的监理人员要求，又增加了外部技术协作体系和人力资源管理体系。

技术部分是契合 ITSS 的要求，新提出的内容，分别从基本要求与相关技术（包括监理工作体系、业务流程研究能力、监理技术规范、质量管理体系、管理手段、知识库、案例库等）、监理大纲、监理规划、监理实施细则等方面提出新的标准要求。

资源部分分别从监理机构、监理设施、监理知识库、案例库、检测分析工具及仪器设备、企业管理信息系统等方面，与资质管理有关规定呼应，作出要求。

流程部分包括项目管理体系、客户服务体系、监理及相关服务的制度与流程等。

4.3.2　人员

4.3.2.1　监理人员的构成

监理单位应根据业务范围设置合理的岗位结构，配置足够数量的各类专业监理人员。在监理机构中，监理人员包括[以下 a)，b）…等编号为《监理总则》原编号]：

a）总监理工程师；

b）总监理工程师代表（必要时配备）；

c）监理工程师；

d）监理员。

更换总监理工程师时，应事先书面通知业主单位，征得业主单位同意。

这里的人员构成是项目级的要求。根据具体项目的复杂程度和项目规模，监理企业可参照标准搭建监理机构班底，为业主单位提供监理及相关信息技术服务。

4.3.2.2　监理人员的职责

信息系统工程监理应实行总监理工程师负责制，在具体项目上应给予总监理工程师足够的权利与责任。

1. 总监理工程师的职责

总监理工程师应履行如下职责[以下 a)，b）…等编号为《监理总则》原编号]：

a）全面负责监理合同的实施；

b）确定监理机构人员分工并书面授权总监理工程师代表；

c）主持编制监理规划、审批监理细则；

d）负责管理监理机构日常工作，定期向监理单位报告；

e）检查和监督监理人员的工作，根据工程项目及相关服务项目的进展情况可进行监理人员调配，对不称职的监理人员应调换其工作；

f）主持监理工作会议，签发工程监理机构的文件和指令；

g）审查承建单位及运维服务供方单位的资质，并提出审查意见；

h）审定承建单位的开工申请、系统实施方案、施工进度计划；

i）组织编制并签发监理月报、监理工作阶段报告、专题报告和工程监理及相关服务项目工作总结；

j）主持审查和处理工程变更及运维服务过程的变更；

k）参与工程质量事故和其他事故调查；

l）审查承建单位竣工验收申请，组织有关人员进行竣工测试验收，签认竣工验收文件；审核运维服务的评价与认定结果；

m）主持整理工程项目及相关服务项目的监理资料；

n）审核签认承建单位或运维服务供方单位的付款申请、付款证书和竣工结算或运维服务供方单位的项目结算；

o）调解业主单位与承建单位或运维服务供方单位的合同争议，参与索赔的处理，审批工程及相关服务项目的延期；

p）组织业主单位和承建单位完成工程移交或运维服务供方单位的项目成果

的移交。

2. 总监理工程师代表的职责

总监理工程师代表应履行如下职责：

a）按总监理工程师的授权，行使总监理工程师的部分职责和权力；

b）总监理工程师不得将下列工作委托总监理工程师代表。

1）主持编制监理规划，审批监理细则；

2）调解业主单位和承建单位或运维服务供方单位的合同争议，参与索赔的处理，审批工程及相关服务项目的延期；

3）根据工程项目的进展情况进行监理人员的调配，调换不称职的监理人员；

4）审核签认承建单位或运维服务供方单位的付款申请、付款证书和竣工结算或运维服务供方单位的项目结算。

应该认真考究一下，为什么这四条必须由总监理工程师亲自完成。第一条编制监理规划和审批监理细则，这是对某个具体项目进行前期服务策划最重要的工作，必须要求总监理工程师亲自主持。第二条和第四条与项目投资控制关系密切，一方面投资关系到项目各方的切身利益，另一方面投资控制权往往是项目实施中最关键的抓手，因此要求总监理工程师亲自负责。第三条是对监理机构队伍进行调整的权利，监理服务主要依赖人员和人员的能力，总监理工程师对监理机构的组成成员有效控制，才能保证监理服务的质量。

3. 监理工程师的职责

监理工程师应履行如下职责：

a）负责编制监理规划中本专业部分的内容及本专业的监理细则；

b）负责本专业监理工作的具体实施；

c）组织、指导、检查和监督监理员的工作；

d）协助总监理工程师审查承建单位或运维服务供方单位涉及本专业的计划、方案、申请、变更；

e）负责核查工程及相关服务项目中所用的设备、材料和软件；

f）负责本专业监理资料的收集、汇总及整理，参与编制监理月报；

g）定期向总监理工程师提交本专业监理工作实施情况报告，重大问题及时向总监理工程师报告；

h）负责本专业工程量及相关服务项目工作量的审核；

i）协助组织本专业分系统工程及相关服务项目的测试、验收；

j）填写监理日志。

4. 监理员的职责

监理员应履行如下职责：

a）在监理工程师的指导下开展监理工作；

b）协助监理工程师完成工程量及工作量的核定；

c）担任现场监理工作，发现问题及时向监理工程师报告；

d）对承建单位或运维服务供方单位实施计划和进度进行检查并记录；

e）对承建单位或运维服务供方单位实施过程中的软件和设备安装、调试、测试进行监督并记录；

f）填写监理日志。

4.3.2.3　外部技术协作体系

监理单位应根据监理及相关服务项目的需要，从外部聘请主要业务领域的技术专家对监理及相关服务项目提供专业技术的支持，体系应包括专家管理制度、专家聘用和工作流程、专家库建设等方面。

信息技术更新快，各行业都在开展信息化建设，编者根据多年从事信息系统工程监理的经验得出，监理企业自身在信息技术领域和行业领域培养内部人才队伍难度太大，因此在新版标准中强调了外部技术协作体系，很多情况下，整合资源要比自建资源更高效，更专业。

4.3.2.4　人力资源管理体系

监理单位人力资源管理体系应涵盖招聘与配置、培训与开发、绩效管理、薪酬管理等主要方面，并具备人力资源管理制度和流程。监理单位人力资源管理制度应在实际工作中得到贯彻执行，且有记录、可核查。

人力资源管理体系也是新版标准中补充的内容。根据国际先进的 IT 服务理念和国内 IT 服务的探索，IT 服务人才是企业的核心竞争力之一。企业人力资源管理体系的完善，人才的培养、建设、考核、晋升，对企业招聘人才、留住人才至关重要，也能帮助企业长期保持核心竞争力。

4.3.3　技术

4.3.3.1　基本要求

早先的监理服务较注重流程的规范，随着信息系统工程建设的不断发展，业主单位和承建单位的技术实力都在提升，对监理单位的要求也更高，单纯的规范管理已不能满足监理工作的要求。新版标准将监理工作体系、业务流程研究能力、监理技术规范、质量管理体系等都纳入监理技术要素。

1. 监理工作体系

监理单位应建立完善的监理工作体系，包括为实施信息系统工程监理业务所建立的组织体系（含组织机构及职责、专业人员及岗位分工）、管理体系（含工作制度、工作程序）和文档体系（含标准化文档的编制、使用和保存）等。

监理工作体系应参照监理有关的政策和规范建立，这是组织级的体系要求，属于监理企业自身能力建设的重要组成。

2. 业务流程研究能力

监理单位应能够通过对主要客户的业务流程、业务特点以及客户所属领域信息技术发展的长期积累和研究，较好地把握客户的信息化需求，充分掌握监理服务工作的重点和要点，为客户的信息化建设提供有针对性的监理及相关服务工作方案和有价值的报告。

信息技术只是一种技术手段，新版标准根据国内信息系统工程建设的实际情况，增加了对监理的咨询服务能力的要求。监理要做好咨询服务工作，必然需要更多的研究业主单位（客户）的业务流程、业务特点，并有针对性地提出信息技术解决方案。

3. 监理技术规范

监理单位制定的本单位的信息系统工程监理技术规范（或监理操作规程）应符合相关标准对监理工作的要求。

监理技术规范相当于根据国标，在具体企业内部进行细化、升级的企业标准，用以指导和管理企业监理服务的规范化工作，突出的是服务的标准化，有利于企业规避风险，提升服务价值，也提升服务的可复制性，给企业带来利润。

4. 质量管理体系

监理单位应建立质量管理体系。监理单位质量管理体系证书的覆盖范围应包括与监理及相关服务业务有关的所有活动和过程，从事监理及相关服务的所有部门和人员应在体系覆盖的范围内。

《信息系统工程监理单位资质等级评定条件实施细则》中要求：质量管理体系标准包括 GB/T 19001—ISO9001、GB/T 24405.1/ISO/IEC 20000—1，企业建立的质量管理体系至少应是上述质量管理体系标准中的一个。目前 ISO 9000 质量管理体系已得到普遍认可，而 ISO 20000（即 GB/T 24405.1/ISO/IEC 20000—1）也可以说是 ISO 9000 在 IT 服务行业的具体应用和拓展。ISO/IEC 20000 是一个针对管理流程系统的标准，ISO/IEC 20000 的认证适合 IT 服务的提供者，可以是内部的 IT 部门，也可以是外部的服务提供商。获取 ISO/IEC 20000 的认证，意味着提供服务的 IT 组织，对 ISO/IEC 20000 中定义的这些管理流程，具有足够好的管理控制力。这里所谓对流程的管理控制力包括：

- 对流程输入的了解和控制；
- 对流程输出的了解、使用和诠释；
- 制订和执行对流程效能的衡量机制；
- 有客观的证据表明，对流程的功能负责，使之符合 ISO 20000 标准要求；
- 制订流程的改进提高计划，衡量和回顾改进结果。

可以将 ISO/IEC20000 与已普遍应用的 ISO9000 系列质量管理标准做个类比。目前 ISO9000 已经被各行业的质量管理者奉为共同的参考准则和框架，它浓缩了国际上质量管理工作的经验，通过总结和提升，形成了要做好质量工作就必须遵循的要素。各企业的质量管理者不必再从零开始，比照 ISO9000 结合自己企业的实际进行剪裁应用，省时省力。同时，伴随 ISO9000 所建立起来的培训、咨询、认证等服务产业链条也保证了 ISO9000 的实施与广泛应用，现在，获得 ISO9000 的认证也是对质量管理能力的一种基本认可。

5. 监理技术

监理单位应具备如下基本监理技术[以下用 a)，b)…等编号为《监理总则》原编号]：

a）监理的主要技术与管理手段包括检查、旁站、抽查、测试、软件特性分析等，使用这些手段对监理要点实现现场验证与确认，加强风险防范。

b）利用监理知识库、监理案例库，对将要实施的项目进行风险分析与管理，并依据相关技术、管理及服务标准，审核或编制项目文档资料。

c）监理技术人员应加强新的信息技术、产品发展趋势及行业知识的学习，在实践中不断更新和完善监理知识库及监理案例库，并借助现代通信和交流手段提高沟通效率。

这里提到的都是监理服务开展和必备的基本技术要求。其中监理知识库、案例库是监理服务长期积累的技术财富。IT 服务企业应普遍关注自身知识库、案例库、标准库的建设。

4.3.3.2　监理大纲

监理大纲是在业主单位选择合适的监理单位时，监理单位为了获得监理任务，在项目监理招标阶段编制的项目监理方案性文件。它是监理单位参与投标时，投标书内容的重要组成部分。编制监理大纲的目的是使业主单位相信，采用本监理单位制订的监理方案，能够圆满实现业主单位的投资目标和建设意图，进而赢得竞争投标的胜利。由此可见，监理大纲是为监理单位的经营目标服务的，起着承接监理任务的作用。

在监理工作实施前，包括签订监理委托合同和组建监理项目机构的前后，监理单位就要以总监理工程师和专业监理工程师为主，开始逐步进行监理工作的计划。在这期间，产生的计划性文件主要包括监理大纲、监理规划和监理实施细则，它们将成为监理工程师开展具体工作的重要指导文件。

参考十几年监理服务市场招投标的经验和需求，《监理总则》中新增加了监理大纲的内容。标准中对监理大纲的编制要求、编制依据、内容等都提出了具体要求。

1. 监理大纲编制的要求

监理大纲是监理单位承担信息系统工程项目的监理及相关服务的法律承诺。监理大纲的编制应针对业主单位对监理工作的要求，明确监理单位所提供的监理及相关服务目标和定位，确定具体的工作范围、服务特点、组织机构与人员职责、服务保障和服务承诺。监理单位编制监理大纲后，应经监理单位技术负责人审核，并由监理单位法定代表人（或授权代表）书面批准。

监理大纲的编制，由于应具体工程的不同会有差异，需要针对工程招标文件的要求逐项进行响应，突出监理单位针对该工程的理解、合理化建议、类似项目经验、人员组织、技术以及售后服务等方面的优势，但严禁弄虚作假。

2. 监理大纲编制的依据[以下 a），b）…等编号为《监理总则》原编号]

监理大纲编制的依据如下：

a）业主单位对监理工作的要求（包括监理招标文件）；

b）监理单位的服务质量管理体系；

c）监理及相关服务规范；

d）与工程及相关服务有关的法律、法规和技术标准规范。

对于监理大纲编制的依据，可从以下几点进一步说明。

（1）业主单位对监理工作的要求（包括监理招标文件）：重要的前期沟通对

工程监理及相关服务需求的理解至关重要。

（2）监理单位的服务质量管理体系：质量管理体系标准包括 GB/T 19001—ISO9001、GB/T 24405.1/ISO/IEC 20000—1，监理单位建立的质量管理体系至少应是上述质量管理体系标准中的一个。监理单位质量管理体系证书的覆盖范围应包括与信息系统工程监理及相关信息技术服务业务有关的所有活动和过程，监理单位从事信息系统工程监理及相关信息技术服务的所有部门和人员应在体系覆盖的范围内。GB/T 19001—ISO9001、GB/T 24405.1/ISO/IEC 20000—1 质量管理体系认证证书应带有中国合格评定国家认可委员会（CNAS）标志。

（3）监理及相关服务规范：监理单位内部制定的信息系统工程监理技术规范应符合国家 GB/T 19668 系列规范等相关标准对监理工作的要求。

（4）与工程及相关服务有关的法律、法规和技术标准规范：应包括工程有关的政策、法规、批文、前期设计文件，工程建设内容有关的管理、技术标准等。

3. 监理大纲的内容

编制监理大纲时，应具体详细阐述下列内容。

（1）监理工作目标：应针对具体工程，对工程的质量、进度、投资控制提出明确的量化指标。

（2）监理工作依据：应包括工程有关的政策、法规、批文、前期设计文件，工程建设内容有关的管理、技术标准，监理及相关服务应遵从的政策、法规、标准等。

（3）监理工作范围：应根据招标文件要求和前期沟通了解的监理及相关服务需求予以明确界定。

（4）项目监理机构及配备人员：监理机构及人员配备应根据工程建设内容，选择经验丰富、技术基础良好、符合招标文件要求的工程师。

（5）监理工作计划：监理工作计划应根据工程总体进度计划进行制订，包括明确的工作分解结构（WBS）、任务起止时间、资源投入状况、成果交付清单、任务先后关系等。

（6）各阶段监理工作内容：根据工程规划设计、部署实施（包括：招标、设计、实施、验收）和运行维护等各阶段的主要任务，围绕质量控制、进度控制、投资控制、合同管理、文档管理、沟通协调以及其他约束与要求，具体描述监理工作内容。

（7）监理流程和成果：包括展开监理信息搜集的步骤、监理意见的发布程序、监理会议召开的程序等，监理流程应符合 GB/T 19668 系列规范等相关标准对监理工作的要求；监理成果交付物要列出清单。

（8）监理服务承诺：应根据工程招标文件与监理单位自身实力，对监理及相关服务提出可实施可度量的服务承诺，严禁虚假承诺。

（9）其他：根据工程招标文件要求，提供其他相关资料。

4.3.3.3　监理规划

监理规划是在监理委托合同签订后，由监理机构制定的指导监理工作开展的纲领性文件。它起着指导监理机构规划自身的业务工作，并协调与建设单位在监理活动中统一认识、统一步调、统一行动的作用。由于监理规划是在委托合同签订后编制的，监理委托关系和监理授权范围都已经很明确，工程项目特点及建设条件等资料也都比较翔实，因此，监理规划在内容和深度等方面比监理委托合同更加具体化，更加具有指导监理工作的实际价值。

1. 监理规划编制的要求

监理规划是实施监理及相关服务工作的指导性文件。监理规划的编制应针对项目的实际情况，明确监理机构的工作目标，确定具体的监理工作制度、方法和措施。

1）监理规划的内容应有统一性

由于监理规划是指导整个监理项目工作的纲领性文件，在编制监理规划时应当做到其内容构成力求统一。这是监理工作规范化、制度化、统一化的基本要求，也是监理工作科学化的要求。监理规划的基本作用是指导监理机构全面开展工作的指导性文件，如果监理规划的编写内容不能够做到系统、统一，监理工作就会出现漏洞或矛盾，使正常的监理工作受到影响，甚至出现失误。

2）监理规划的内容应有针对性

信息系统工程项目具有单件性和一次性。因此，对某一个具体的工程项目而言，监理规划的内容必须根据这个项目的实际来编制，如果忽视监理规划内容的针对性，采用同一模式、同一方法开展监理工作，必然会导致目标偏离计划，甚至出现失误。所以一个好的监理规划，应该针对具体的信息工程建设项目进行目标规划，建立监理机构和制度。只有这样，监理规划才能真正起到指导监理工作的作用。

3）监理规划的内容应具有时效性

监理规划的内容应随着工程项目的逐步开展，对其不切实际的措施进行不断的补充、完善、调整。实际上它是把开始勾画的轮廓进一步细化，使得监理规划变得更加详尽可行。在工程项目的开始阶段，总监理工程师不可能对项目的具体信息掌握得非常准确，兼之工程项目在建设过程中，受到来自内外各种因素和条件变化的影响，这就使得监理规划必须进行相应的调整和进一步的完善，才能保证监理目标的实现。

2. 监理规划编制的程序

《监理总则》中对监理规划的编制规定如下[以下 a)，b）…等编号为《监理总则》原编号]:

a）在签订监理合同后，总监理工程师应主持编制监理规划；

b）监理规划完成后，应经监理单位技术负责人审批；

c）监理规划报送业主单位签认后生效。

对于监理规划编制的程序，应注重下列几方面的内容。

1）规划信息的收集与处理

所谓规划信息，就是指与监理规划相关的信息，如所监理的信息系统工程项目的情况（一般由业主单位提供）、承建单位（可能还包括设计单位、分包单位）的情况、业主单位的情况、监理委托合同所规定的各项监理任务等信息，在编制监理规划前，应广泛收集相关的监理信息，在整理和消化这些材料的基础上开始着手编制项目监理规划。

2）项目规划目标的确认

据上一步收集到的项目规划信息，来确定项目规划的目标，并对目标进行识别、排序和量化，为下一步确定监理工作做准备。

3）确定监理工作内容

在对监理规划目标进行确认的基础上，具体确定监理单位应该做的工作。在这里，监理工作的工作内容、工作程序和工作要求等，都将得到确定。确定的依据一方面来自于上述确定的监理规划目标，另一方面来自于监理委托合同。

4）按照监理工作性质及内容进行工作分解

紧承上一步，在对监理工作进行初步确认的基础上，对监理工作进行细分，确定不同小组的责任，以此来确定各自的监理任务。

3. 监理规划编制的依据

《监理总则》中监理规划编制的依据如下：

a）与工程及相关服务有关的法律、法规及审批文件；

b）与工程及相关服务有关的标准、设计文件和技术资料；

c）监理合同、承建合同、运维服务合同、工程及相关服务的其他文件。

在此应注重以下几方面的内容：

（1）与信息系统工程建设有关的法律、法规及项目审批文件等；

（2）与信息系统工程监理有关的法律、法规及管理办法等；

（3）与本工程项目有关的标准、设计文件、技术资料等，其中标准应包含公认应该遵循的相关国际标准、国家或地方标准；

（4）监理大纲、监理合同文件以及与本项目建设有关的合同文件。

4. 监理规划的内容

监理规划包括的主要内容有工程项目概况、监理范围、监理内容、监理目标、监理机构的组织形式、监理机构的人员配备计划、监理机构的人员岗位职责、监理依据、监理工作程序、监理工作方法及措施、监理工作制度、监理工具和设施等，具体内容如下所述。

（1）工程及相关服务对象概况：信息系统工程项目概况包括工程名称、工程项目组成及规模、工程预计总投资额、项目预计工期、工程质量等级、设计、实施及开发承建单位名称、工程特点的简要描述等。

（2）监理依据：监理依据要求列出监理工作依据的所有文件、标准、资料，并对依据的理由和办法进行阐述。

（3）监理范围：根据监理委托合同和一般的监理原则来确定。监理范围要表明监理机构的工作在工程的什么范围之内进行，比如说对工程的哪些阶段进行监理。

（4）监理目标：根据监理委托合同和一般的监理原则来确定。监理目标要列出监理工作在本项目中要达到的效果，这些效果应该符合实际，并且在监理的控制范围之内。

（5）监理内容：根据监理委托合同和一般的监理原则来确定。监理内容要说明监理工作具体做什么，比如包含质量控制、进度控制、信息管理、合同管理等。

（6）监理机构的组织及监理人员的职责：监理单位应根据工程项目的实际情况确定监理机构的组织结构，并按合理的比例配备专业的监理工程师。监理规划中，应该写明针对该项目组建的监理机构的组织形式以及各个环节、各个分项目方面的人员配备等情况。其中，监理机构的组织形式，一般都以图的形式简明、扼要地表示出来；监理工程师的配备，可以按照各个分项目的不同来划分，也可以按照职能来划分，还可以综合考虑两方面的内容，按照它们之间的交叉来划分。具体应该采用哪一种划分形式，可以按照项目自身的特点来进行选择。

（7）监理设施：监理工具和设施可分为两类，一类是监理单位自带的监理工具，一类是由业主单位提供的监理设施。监理单位应根据工程情况，配备满足监理工作需要的软硬件工具和监理设备。特别是软件工具，一般包括监理管理软件、监理测试软件和监理支持软件。如果监理工作包含现场监理部分，还应按合同规定向业主单位提出必要的办公设施等要求。需要强调的是，监理机构应妥善使用业主单位提供的设施，并在完成监理工作后移交业主单位。

（8）监理工作方法及措施：监理工作方法和措施指监理对某一特定的监理对象采取的监理手段，比如对网络设计的监理手段、对软件开发过程的监理手段、对信息设备安装的监理手段等。

（9）监理工作制度：监理工作制度是监理机构制定的、约束监理工程师的监理行为的规章，不同项目的监理制度可能有不同之处。制度内容主要包括会议、签认、处理、审查等方面。

在监理工作实施过程中，如实际情况或条件发生重大变化而需要调整监理规划内容，应由总监理工程师组织监理工程师修改，经监理单位技术负责人审批后报送业主单位签认。

4.3.3.4　监理实施细则

监理实施细则是在监理规划指导下，监理机构已经建立，各项专业监理工作责任制已经落实，配备的专业监理工程师已经上岗，再由专业监理工程师根据专业项目特点及本专业技术要求所编制的、具有实施性和可操作性的业务性文件。监理实施细则由各专业监理工程师负责主持编制，并报送项目总监理工程师认可批准执行。

监理实施细则是以被监理的信息系统工程项目为对象而编制的，用以指导监理机构各项监理活动的技术、经济、组织和管理的综合性文件；它是根据监理委托合同规定范围和业主单位的具体要求，由项目总监理工程师主持，专业监理工程师参加编制，在设计阶段监理工作的基础上，综合项目的具体情况，广泛收集工程信息和资料以及征求监理工程师意见和建议的情况下，结合监理的具体条件形成的技术管理性文件。应该注意的是，对信息工程监理而言，仅仅有信息工程系统设计方案是无法完成监理实施细则的制订的。监理工程师只有在有了系统设计中所确定的大量实施及开发的具体数据之后，才能够编制出切合此项工程实际的监理实施细则。编写监理实施细则是监理工作必经的一个阶段，对实施监理工作意义重大。

- 对监理机构的作用

通过对监理实施细则的编制，让监理工程师增加对本工程项目的认识程度，使他们更加熟悉工程的一些技术细节。因为监理工程师要想有针对性地编制好细则，必须非常熟悉工程的专业技术情况。

监理细则是指导具体监理工作的文件与备忘录。由于监理工作内容杂而多，在繁杂的情况下难免会丢三落四，监理实施细则就会起到备忘录的作用。因为细则中包含了与规定的质量控制点相对应的检查、监督内容，监理工程师对此质量控制点进行检查和监督，当检查中发现问题时，因细则中对这些可能出现的问题已有相应的预防与补救措施，便可迅速采取补救措施，有利于保证工程的质量。

- 对承建单位的作用

监理单位把监理实施细则提供给承建单位，能起工作联系单或通知书的作用。因为，除了强制性要求的验收内容外，承建单位不清楚还有哪些工序监理机构必须进行检查。而细则中通过质量控制点设置的安排，可告诉承建单位在相应的质量控制点到来前必须通知监理机构，避免因为承建单位忘记通知监理机构而引发纠纷。

监理机构将监理实施细则提供给承建单位，能为承建单位起到提醒与警示的作用。主要是提醒承建单位注意质量通病，使之采取相应的措施预防通病出现，同时提醒承建单位对工程过程中可能出现的问题采取相应的应急措施。

- 对业主单位的作用

监理机构将一份切合工程实际的监理实施细则提供给业主单位，通过对工程的监理工作的全面具体的叙述来体现监理的水平，从而消除业主单位对监理工程师素质的怀疑，有利于取得业主单位对监理的信任与支持。通过这份监理实施细则，可以使业主单位对工程的质量、进度、投资、变更等控制方法有一定的把握，从而有利于业主单位对工程进行管理和控制。

1. 监理细则编制的要求

监理机构按照监理规划中规定的工作范围、内容、制度和方法等编制监理细则，开展具体的监理及相关服务工作。监理细则应符合监理规划的要求，结合工程及相关服务项目的专业特点，具有可操作性。

对于技术复杂、专业性较强的大中型信息系统工程项目，项目监理机构应该编制监理实施细则。信息系统工程监理实施细则是在监理规划的基础上，根据项目实际情况对各项监理工作的具体实施和操作要求的具体化、详细化，用以指导项目监理机构全面开展监理业务。监理实施细则应符合监理规划中的相关要求，并应结合信息系统工程项目的专业特点，做到详细具体，具有可操作性。

（1）要符合项目本身的专业特点。

监理实施细则虽然是具体指导项目中各专业开展监理工作的技术性文件，但一个项目的目标实现，必须靠各专业间相互的配合协调。如果只顾及各自的专业特点而不考虑别的专业，整个项目的实施就会出现混乱，甚至影响到目标的实现。

（2）严格执行国家、地方的规范及标准并考虑项目自身的特点。

国家和地方的标准、规范、规程及行业技术规范文件等，是开展监理工作的主要依据；但是对于一些非强制性的标准、规范，可以结合项目的自身特点和监理目标，有选择地采纳适合项目的部分，而不要照抄、照搬。

（3）尽可能地对专业方面的技术指标量化、细化，使其更具有可操作性。

编制监理实施细则的目的是指导项目实施过程中的各项活动，并对各专业的实施活动进行监督和对结果进行评价。因此，监理工程师必须尽可能地依据技术指标来进行检验评定。在监理实施细则的编制中，要明确国家标准、规范、规程中的技术指标及要求，只有这样才能使监理实施细则更具有针对性、可操作性。

（4）在监理工作的具体实施过程中，监理实施细则应根据实际进行补充、修改和完善。

（5）为确保监理工作的顺利进行，监理实施细则应对所要监理项目中的关键点和实施难点设置“质量控制点”。

2. 监理细则编制的程序

监理实施细则编制的应符合以下规定：

（1）监理实施细则应在相应工程实施开始前编制完成，须经总监理工程师批准；

（2）监理实施细则应由总监理工程师组织各专业监理工程师编制；

（3）监理实施细则应符合项目的特点。

监理实施细则的编制主要有以下几种方式。

（1）按信息系统工程中的专业分工编制

一个综合性的信息系统工程涉及的专业领域可能有通信工程、网络工程、软件开发、信息安全、经济核算、设备造型等，每种专业都有自己的监理手段和技术。

（2）按信息系统工程的阶段编制

按照信息系统工程项目的进程，可将其划分为工程准备阶段、工程设计阶段、工程实施阶段、工程验收阶段和缺陷责任期，每一阶段的监理方法和措施各有特点。

（3）按监理的工作内容编制

监理的工作内容可分为质量控制、进度控制、投资控制、变更控制、合同管理和信息管理。

第一种方式是最常用的方式，也是比较容易组织的一种方式。

3. 监理细则编制的依据[以下 a), b) …等编号为《监理总则》原编号]

《监理总则》中监理细则编制的依据如下：

a）已签认的监理规划；

b）与工程及相关服务有关的标准、设计文件和技术资料；

c）工程实施方案及相关服务方案和工程相关文件。

在此应注重以下几方面的内容：

（1）已经批准的项目监理规划；

（2）与信息系统工程相关的国家、地方政策、法规和技术标准；

（3）与工程相关的设计文件和技术资料；

（4）实施组织设计；

（5）合同文件。

4. 监理细则的内容

监理实施细则的主要内容包括工程专业的特点、监理流程、监理的控制要点及目标、监理方法及措施。一般情况下，监理实施细则由专业监理工程师编写，由总监理工程师审核，作为实施监理工作的指导文件。无论哪种专业，监理细则都要包含以下四个方面的内容。

（1）工程及相关服务的特点：监理的对象是一个具体的信息系统工程项目，监理工程师首先要做的工作就是了解工程的情况，特别要细致分析工程的专业特点，列出工程中要用到的专业技术的优缺点。这种分析对有针对性地采取监理技术和手段有相当重要的作用。例如，某个应用软件开发采用的开发语言、中间件、操作系统、数据库等，每一种技术有其优势，也肯定有容易造成纰漏和隐患的地方。了解了专业技术的特点，就为编写监理的控制要点和方法措施奠定了基础，也使监理工程师更有效地实施监理工作有了充分准备。

（2）监理工作流程：监理流程是指进行专业监理时遵循的程序，比如监理信息的搜集、汇报、分析，监理措施的采取，监理意见的发布等。在制订监理流程时，要充分考虑工程的实际情况，做到切实可行；监理程序应简明而不粗糙，对工程异常情况反应迅速；流程要有一定的灵活性，不能太僵硬，避免过度限制监理工程师使用监理手段。

（3）监理工作的控制要点及目标：监理的控制要点包含控制点和质量、进度、投资、变更等控制需要注意的事项。监理工程师应根据专业的特点，在工程过程中设置一些容易检测和纠正的标志性时机作为控制点，并为每个控制点确定检测标准，也就是该控制点的目标。这样，在实施监理工作时，监理工程师通过对这些关键点的控制就能实现对本专业的控制。

（4）监理方法及措施：措施即计划采用的监理技术、监理工具和针对工程异常情况的监理措施。对不同的专业应有不同的监理技术，在不同的工程阶段也有不同的监理手段。例如，在对综合布线系统的线路连通性进行控制时，可采用一些测试仪器进行抽检；对软件开发进度进行控制时，可通过审查开发过程文档、走查代码来实现；对网络设备价格进行控制时，可审核原始单据，并通过电话核实来确认。

在监理工作实施过程中，监理细则应根据情况进行补充、修改和完善，并报总监理工程师批准。总之，监理细则的编制要做到“可行、有效、细致、全面”，真正起到指导监理工程师实际工作的作用。

在监理工作实施前，包括签订监理委托合同和组建监理机构的前后，监理机构就要以总监理工程师和专业监理工程师为主，开始逐步进行监理工作的计划。在这期间，产生的计划性文件主要包括监理大纲、监理规划和监理实施细则，它们将成为监理工程师实施具体工作的重要指导文件。监理大纲、监理规划和监理实施细则三者之间有一定的联系，都是由监理机构针对特定的监理项目编制的监理工作计划性文件，且编制的依据具有一定的共同性，编制的文件格式也具有一定的相似性。但是，由于监理大纲、监理规划和监理实施细则三者的作用不同、编制对象不同、编制负责人不同、编制时间不同、编制的目的不同等原因，在编制内容侧重点、深度、广度和细度等方面上，都有着显著区别。监理大纲、监理规划和监理实施细则三者比较的主要区别见表 4-1。

表 4-1　监理大纲、监理规划和监理实施细则三者比较

名称	对象	起草	审批	签认	编制时间	编制目的	编制作用	为什么	做什么	如何做
监理大纲	项目整体	销售	单位技术负责人	单位法定代表人（或授权代表）	监理招标阶段	供业主单位审查监理能力	协助监理单位中标	重点	一般	无
监理规划	项目整体	工程总监理工程师	单位技术负责人	客户	监理委托合同签订后	项目监理的工作纲领	对监理自身工作指导、考核	一般	重点	重点
监理实施细则	某项专业监理工作	专业监理工程师	工程总监理工程师	客户	监理项目部建立、责任明确，专业系统设计过程中	专业监理实施操作指南	规定专业监理程序、方法、标准，使监理工作规范化	无	一般	重点

《监理总则》对监理文件给出了规范性的指导意见，具体规范了上述三个重要监理文件的编制要求：

- 纲领性文件——监理大纲。
- 指导性文件——监理规划。
- 操作性文件——监理实施细则。

监理文件是监理及相关服务工作最重要的交付成果之一，为工程实施提供参考，也是信息系统工程建设和运营的重要记录，能够帮助业主单位、监理单位、承建单位规范开展建设工作。

4.3.4 资源

资源主要包括监理机构、监理设施、监理知识库及案例库、检测分析工具及仪器设备和企业管理信息系统。

1. 监理机构

监理机构是当监理单位对信息系统工程项目实施监理及相关服务时，负责履行监理合同的组织机构。

1）监理机构的设置及撤销

监理单位履行监理合同时，应建立监理机构，监理机构在完成监理合同规定的监理及相关服务内容后方可撤销。

可见，监理机构是监理单位项目级的组织。

2）监理机构的组建

监理机构的组织形式和规模，应根据监理及相关服务招标文件或委托文件约定的工程类别、规模、服务内容、技术复杂程度、实施工期和施工环境等因素确定。一般来讲，监理机构中总监理工程师、其他监理工程师的选择，应根据信息系统工程涉及的技术、业务领域，选择具备相关技术技能和工作经验的工程师。

监理单位应在监理大纲中明确符合条件的监理机构，并在监理合同签订后将监理机构的组织形式、人员构成及对总监理工程师的任命书面报送业主单位。某些情况下，总监理工程师的任命和监理机构的人员组成会直接写在合同当中。

2. 监理设施

1）监理单位为监理机构配备的设施

监理机构应根据监理工程类别、规模、技术复杂程度及相关服务内容，按监理合同的约定，配备满足监理及相关服务需要的设备和工具等。这些工具主要包括交通工具、通信工具、计算机设备、打印输出设备、介质传输设备、安全保障设备、专业检测设备等。其中，安全保障设备须符合国家安全生产的有关标准和规定，对现场的设备、人员等能起到良好的保护作用，以规避或降低安全风险；专业检测设备需定期由计量单位进行核准，以确保测试结果的准确。

2）业主单位为监理机构提供的设施

《监理总则》规定了业主单位应为监理机构提供如下设施[以下 a），b）…等编号为《监理总则》原编号]：

a）业主单位应按照监理合同的约定，为监理及相关服务工作顺利开展所需的办公、交通、通信等设施提供便利；

b）监理机构应妥善保管和使用业主单位提供的设施，在完成监理工作后交还业主单位。

根据 ISO 9000 等质量管理体系的有关规定，监理机构可采用顾客财产登记表，做好顾客提供设施的接收、使用、归还等记录。

3. 监理知识库及监理案例库

监理单位应具备监理及相关服务知识库及监理案例库，以保证单位内各监理机构共享所积累的技术知识和信息。该库应具备知识的添加、更新和查询功能，并确保其知识是可用的和可共享的。监理单位应针对知识管理要求制定相关管理制度，做好知识生命周期管理工作。

进行知识管理工作时，应开展以下工作。

（1）知识体系构建：需具备提供监理服务所需的知识体系和能力。

知识体系包括但不限于。

① 基础知识：与信息技术相关的基本知识。

② 业务知识：与需方行业相关的业务知识。

③ 专业知识：从事咨询服务必备的专业知识，如业务分析、战略规划、体系结构设计及风险评估等。

④ 管理知识：与咨询相关的项目管理、服务管理和 IT 治理知识等。

（2）知识采集：需具备知识采集渠道和机制，根据知识体系的结构，建立对各类知识进行分类采编的渠道。

（3）知识检查：需具备知识检查和更新机制，确保知识的适用性、准确性和时效性。

（4）知识应用：需提供知识查询、分析、管理及应用方法和工具，并进行必要的培训，发挥知识价值。

（5）知识评价：应从知识的使用频度、适用性和价值等方面进行综合评价，建立知识评价体系。

（6）知识维护：需具备相应方法和工具提供知识生命周期管理，具备知识采集、知识审核、知识归类、知识存档、知识检索、知识使用、知识评价、知识统计分析、知识使用者权限管理和知识备份等功能。

监理单位的案例库，宜介绍信息系统工程项目的背景、建设内容、监理工作任务、监理要点、监理经验等内容，对将来类似项目的实施起到指导作用。但应注意，案例公开的信息需征得业主单位的同意，并符合有关的保密规定，不得私自泄露客户的重要涉密信息。

4. 检测分析工具及仪器设备

前面已经提到监理设施，此处特别强调监理工作中的检测分析工具和仪器设备，因为检测分析工具及仪器设备是监理发现问题、分析问题的重要支持依据。

监理单位在监理项目实施过程中应能运用信息系统检测分析工具及仪器设备对信息系统工程进行检测。

监理单位应根据工程及相关服务情况、业务范围配备满足监理工作需要的监理工具，包括软硬件工具和监理设备。

5. 企业管理信息系统

在信息技术领域，一些给客户提供信息化解决方案的 IT 服务商，自己的信息系统有时却很单薄。随着 IT 服务的不断扩大，在互联网+ 和大数据等新兴理念和技术的冲击下，IT 服务商如果继续保持小作坊式的服务，服务质量和服务水平很难再上新台阶，也会被很快淘汰。

对于监理企业的管理信息系统，《监理总则》与《信息系统工程监理单位资质等级评定条件实施细则》中要求一致，主要包括内部办公系统和项目管理系统两部分。

监理单位应建有内部基础网络环境，通过管理软件实现内部办公、财务和合同的信息化管理。监理单位的管理信息系统应在实际工作中得到应用。

监理单位宜利用管理信息系统对监理工程师的现场工作进行管理，实现项目的质量、进度和投资控制。

4.3.5 流程

按照规范的流程实施服务有以下优势：

（1）按流程完成规定动作，确保服务水平；

（2）按流程实施服务，避免不作为造成的风险；

（3）各方对服务流程理解达成一致，更易于相互的支持与配合；

（4）流程规范，提升服务的可复制性和系统化，易于通过系统来统一管理，降低成本；

（5）体现专业化，更易得到客户的认可。

监理服务的流程主要包括项目管理体系、客户服务体系、监理及相关服务的制度和流程三方面。

1. 项目管理体系

监理单位应有负责项目管理的部门，有项目管理制度和流程，有项目管理评价方法、项目管理知识库和项目管理工具。项目管理工具包括企业购置或自主开发的具有项目管理功能的工具。监理单位的项目管理制度和流程应在实际工作中得到贯彻执行，且有记录、可核查。

2. 客户服务体系

监理单位应配置专门的机构和人员，有客户服务制度和流程，有满意度调查和投诉处理机制。监理单位的客户服务制度、流程应在实际工作中得到贯彻执行，且有记录、可核查。

3. 监理及相关服务的制度和流程

监理单位应依据国家法律法规、标准、行业管理要求和企业质量保证体系实施情况，制定规范的监理及相关服务各项管理制度和工作流程，并按照这些管理制度和工作流程开展监理及相关服务工作。

第5章　监理运行周期的服务内容和监理要求

5.1　规划设计部分的服务内容

5.1.1　规划设计部分的服务内容解析

此处有必要先解释一下咨询与监理的关系。

首先了解一下2011年发布的《GB/T 4754—2011 国民经济行业分类》中与软件和信息技术服务相关的分类，如表5-1所示。

表5-1 《GB/T 4754—2011 国民经济行业分类》中与软件和信息技术服务相关的分类

《GB/T 4754—2011 国民经济行业分类》中与软件和信息技术服务相关的分类					
代码				类别名称	说明
门类	大类	中类	小类		
I				信息传输、软件和信息技术服务业	本门类包括63～65大类
	63			电信、广播电视和卫星传输服务	……
	64			互联网和相关服务	……
	65			软件和信息技术服务业	指对信息传输、信息制作、信息提供和信息接收过程中产生的技术问题或技术需求所提供的服务

（续表）

代码				类别名称	说明
门类	大类	中类	小类		
		651	6510	软件开发	指为用户提供计算机软件、信息系统或者设备中嵌入的软件，或者在系统集成、应用服务等技术服务时提供软件的开发和经营活动；包括基础软件、支撑软件、应用软件、嵌入式软件、信息安全软件、计算机（应用）系统、工业软件以及其他软件的开发和经营活动
		652	6520	信息系统集成服务	指基于需方业务需求进行的信息系统需求分析和系统设计，并通过结构化的综合布缆系统、计算机网络技术和软件技术，将各个分离的设备、功能和信息等集成到相互关联的、统一和协调的系统之中，以及为信息系统的正常运行提供支持的服务；包括信息系统设计、集成实施、运行维护等服务
		653	6530	信息技术咨询服务	指在信息资源开发利用、工程建设、人员培训、管理体系建设、技术支撑等方面向需方提供的管理或技术咨询评估服务；包括信息化规划、信息技术管理咨询、信息系统工程监理、测试评估、信息技术培训等
		654	6540	数据处理和存储服务	指供方向需方提供的信息和数据的分析、整理、计算、编辑、存储等加工处理服务，以及应用软件、业务运营平台、信息系统基础设施等的租用服务；包括各种数据库活动、网站内容更新、数据备份服务、数据存储服务、在线企业资源规划（ERP）、在线杀毒、电子商务平台、物流信息服务平台、服务器托管、虚拟主机等
		655	6550	集成电路设计	指 IC 设计服务，即企业开展的集成电路功能研发、设计等服务
		659		其他信息技术服务业	
			6591	数字内容服务	指数字内容的加工处理，即将图片、文字、视频、音频等信息内容运用数字化技术进行加工处理并整合应用的服务
			6592	呼叫中心	指受企事业单位委托，利用与公用电话网或因特网连接的呼叫中心系统和数据库技术，经过信息采集、加工、存储等建立信息库，通过固定网、移动网或因特网等公众通信网络向用户提供有关该企事业单位的业务咨询、信息咨询和数据查询等服务
			6599	其他未列明信息技术服务业	

在《GB/T 4754—2011 国民经济行业分类》中，信息系统工程监理属于信息技术咨询服务，分类代码为 6530。

我们再看一下 2012 年发布的《GB/T 29264—2012 信息技术服务 分类与代

码》与《GB/T 4754—2011 国民经济行业分类》中“65 软件和信息技术服务业”大类的对照关系，如表 5-2 所示。

表 5-2 对照关系

《GB/T 29264—2012 信息技术服务 分类与代码》与《GB/T 4754—2011 国民经济行业分类》中“65 软件和信息技术服务业”大类的对照关系					
GB/T 4754—2011《国民经济行业分类》			GB/T 29264—2012《信息技术服务 分类与代码》		
652	6520	信息系统集成服务	01	信息技术咨询服务	在信息资源开发利用、工程建设、人员培训、管理体系建设、技术支撑等方面向需方提供的管理或技术咨询评估服务
			0102	信息系统设计	基于需方的信息化规划，根据其实际业务需求，对信息系统的架构、选型和实施策略进行设计，为信息系统的开发和建设提供设计方案的服务
653	6530	信息技术咨询服务	01	信息技术咨询服务	在信息资源开发利用、工程建设、人员培训、管理体系建设、技术支撑等方面向需方提供的管理或技术咨询评估服务
			0101	信息化规划	提出行业、区域或领域的信息化远景、目标、战略和总体框架等，全面系统地指导信息化建设，以满足其可持续发展需要的咨询服务
			0103	信息技术管理咨询	协助需方提升和优化信息化管理活动的咨询服务。 包括信息技术治理、信息技术服务管理、质量管理、信息安全管理、过程能力成熟度等咨询服务
			0104	信息系统工程监理	依据国家有关法律法规、技术标准和信息系统工程监理合同，独立第三方机构提供的监督管理信息系统工程项目实施的服务。 包括通用布缆系统工程监理、电子设备机房系统工程监理、计算机网络系统工程监理、软件工程监理、信息化工程安全监理、信息技术服务工程监理
			0105	测试评估认证	具有相关资质的第三方测试评估认证机构提供的对软件、硬件、网络、质量管理、能力成熟度评估、信息技术服务管理及信息安全管理等是否满足规定要求而进行的测试、评估和认证服务
			0106	信息技术培训	为开发、应用信息技术提供的培训服务。 包括信息技术标准培训、信息技术应用培训、信息技术职业技能培训等服务。 不包括学历教育
			0199	其他信息技术咨询服务	凡属于 01 类而上述各中类未包含的服务内容可纳入此类中

在《GB/T 29264—2012 信息技术服务 分类与代码》中，信息系统工程监理仍属于信息技术咨询服务，更具体的分类代码为 65300104，但需要注意《GB/T 29264—2012 信息技术服务 分类与代码》中的代码和内容差异。

首先，“652001 信息技术咨询服务”和“653001 信息技术咨询服务”，两个名字相同，但在《GB/T 4754—2011 国民经济行业分类》的小类中，一个属于信息系统集成服务（6520），一个属于信息技术咨询服务（6530），而其下的详细分类又包括：65200102 信息系统设计、65300101 信息化规划、65300103 信息技术管理咨询、65300104 信息系统工程监理等不同类别。看起来略有混乱，但这与我国信息化建设和信息技术服务十余年的发展现状有关，这说明“咨询”是一个更为宽泛的服务内容，信息系统集成服务中有“咨询”服务，信息技术咨询服务中也有“咨询”服务。

另一方面，1992 年底成立的全国性行业组织——中国工程咨询协会，标志着我国工程咨询行业正式形成，启动行业自律性管理。1994 年，原国家计委颁布《工程咨询业管理暂行办法》，是我国制定并颁布的第一个对工程咨询全过程进行规范化管理的政府文件。在中国工程咨询协会有关的资料与教材中，对工程咨询的阶段划分和业务范围的定义如图 5-1 所示。

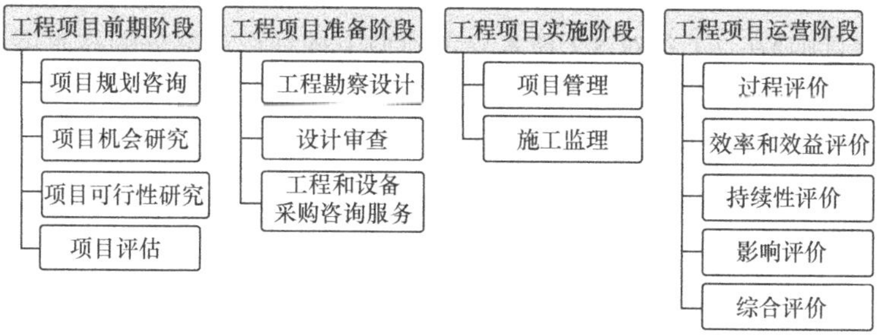

图 5-1　工程咨询的阶段划分和业务范围

图中，施工监理即是工程项目实施阶段的咨询业务范围之一。因此，《监理总则》在 3.25 咨询服务定义中特别指出的注：“在监理及相关服务活动中，始终伴随有咨询服务内容”，与两个行业代码的分类和定义不冲突，并且结合信息系统工程咨询和监理十余年的发展，对咨询与监理的关系有了更为实际的解释。

纵观整个标准，《监理总则》正文部分提到“咨询”两个字的章节共有 4 处，分别是：

（1）3.25 咨询服务的定义：“监理机构根据委托专项服务合同，所提供专业的规划设计或支撑服务。注：在监理及相关服务活动中，始终伴随有咨询服务内容。”

（2）5.2 技术参考模型：“监理运行周期的规划设计部分主要提供相关信息技术咨询服务。”

（3）8.1.5 “监理机构应向业主单位提供咨询服务。”

（4）8.2.8 设计阶段的“咨询内容及方式。”

《监理总则》中的 8.1.5 和 8.2.8 分别在招标阶段和设计阶段提出咨询服务内容，是对 3.25 咨询服务定义中提出“在监理及相关服务活动中，始终伴随有咨询服务内容”进行的呼应。

《监理总则》在 7.1 条对 5.2 技术参考模型中规划设计部分的技术咨询服务内容作了如下的详细解释。

7.1.1 监理机构可为业主单位提供工程项目的总体规划、可行性研究、初步设计、技术方案论证和方案优化等规划和设计相关服务，为业主单位决策提供依据。

7.1.2 监理机构可协助业主单位制定业务目标和信息化目标。

7.1.3 监理机构可协助业主单位整理信息系统建设需求，引导业主单位通过信息系统的建设与应用，提升整体的业务水平。

7.1.4 监理机构应协助业主单位形成信息资源架构、应用系统架构和信息技术架构。

7.1.5 监理机构应推动业主单位对工程需求和初步设计进行规范化的技术描述，为工程实施提供优化的设计方案。

7.1.6 监理机构应促使工程计划、初步设计方案满足工程需求，符合相关的法律法规和标准，并与合同相符，具有可验证性。

7.1.7 监理机构应协助业主单位消除初步设计文档在进入工程实施前可预见的缺陷。

7.1.8 监理机构应协助业主单位策划招标方法。

7.1.9 规划设计部分的可行性研究报告与初步设计方案编制提纲参见资料性附录 E。

该部分是《监理总则》特别加入的有关咨询服务的重要内容，其中给出了三个方面的内容。

一是规划设计部分的服务内容：监理机构可为业主单位提供工程项目的总体规划、可行性研究、初步设计、技术方案论证和方案优化等规划和设计相关服务，为业主单位决策提供依据，协助业主单位消除设计缺陷，并协助业主单位策划招标方法。

二是具体规划设计的方法：即引用业界著名的 Zachman 模型和 ToGAF 模型中的规划设计方法论，为工程实施提供优化的设计方案。

三是此部分的可行性研究报告与初步设计方案的提纲：参考国家发改委 2007 年 8 月 13 日发布的《国家电子政务工程建设项目管理暂行办法》（55 号令）中，对电子政务工程可行性研究报告和初步设计方案的要求，提供了两份报告的提纲。

关于具体的规划设计方法，早在 1987 年，John Zachman 就提出："为了避免企业分崩离析，信息系统架构已经不再是一个可有可无的选择，而是企业的必需"。从那时起，Zachman 的企业架构理论就逐渐发展起来，现已成为许多大公司用来理解、表述企业信息基础设施的一个直观模型，为企业现在的以及未来的信息基础设施建设提供了蓝图和架构。

Zachman 的企业架构是一个全新的模型，为企业信息基础设施提供一种可以理解的信息表述。Zachman 没有把企业的流程简单视作一系列步骤，而是综合考虑不同角色的不同观点，提出了一个多视角、多维度的企业架构。

Zachman 认为企业架构可以分为两大部分：业务架构和 IT 架构。大部分企业架构方法都是从 IT 架构发展而来的。

（1）业务架构：是把企业的业务战略转化为日常运作的渠道，业务战略决定业务架构，它包括业务的运营模式、流程体系、组织结构、地域分布等内容。

（2）IT 架构：指导 IT 投资和设计决策的 IT 框架，是建立企业信息系统的综合蓝图，包括数据架构、应用架构和技术架构三部分。

业务架构与 IT 架构的关系是这样的，即：在组织业务战略规划的驱动下，通过信息化战略规划的统一指导，从 IT 战略、IT 架构和 IT 管控三方面来实现其信息化战略目标，并促进业务战略目标的实现，如图 5-2 所示。

规划设计的总体思路可以用图 5-3 表示。

标准中提出的制定目标（业务目标、信息化目标）、整理需求、形成架构（信息资源架构、应用系统架构、信息技术架构）的有关要求，引用了 Zachman 框架关于规划设计的精髓部分。

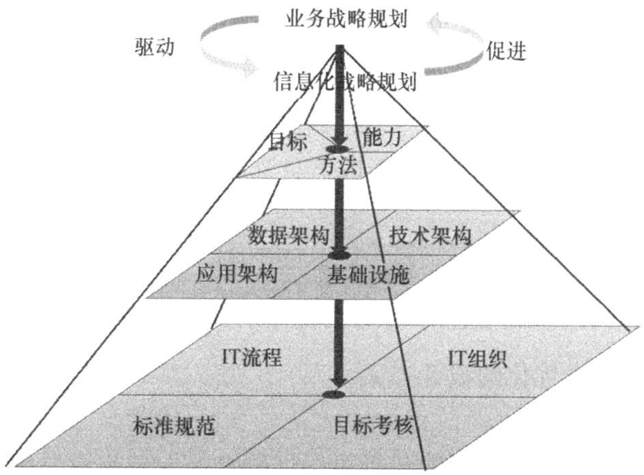

图 5-2　业务架构与 IT 架构的关系

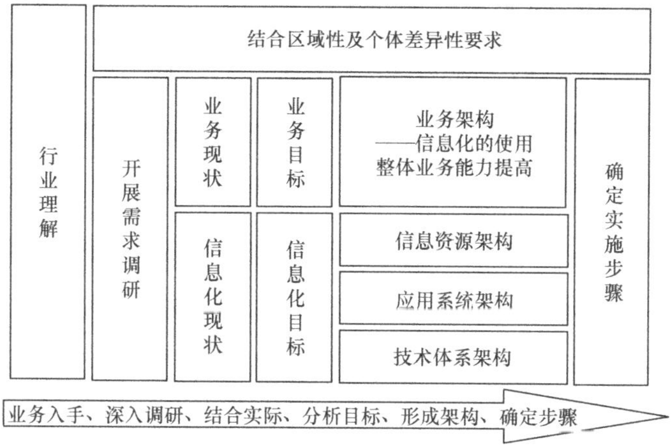

图 5-3　规划设计的总体思路

5.1.2　咨询报告编制说明

在规划设计阶段，监理机构可为业主单位提供工程项目的总体规划、可行性研究、初步设计、技术方案论证和方案优化等规划和设计相关服务，为业主单位决策提供依据。具体工作包括：

（1）监理机构可协助业主单位制定业务目标和信息化目标。

（2）监理机构可协助业主单位整理信息系统建设需求，引导业主单位通过信息系统的建设与应用，提升整体的业务水平。

（3）监理机构应协助业主单位形成信息资源架构、应用系统架构和信息技术架构。

（4）监理机构应推动业主单位对工程需求和初步设计进行规范化的技术描述，为工程实施提供优化的设计方案。

规划设计部分的主要交付物包括可行性研究报告与初步设计方案等。

5.1.3　可行性研究报告编制说明

可行性研究报告编制提纲可包括如下内容。

1. 项目概述

包括项目名称；项目业主单位及负责人、项目负责人；可行性研究报告编制单位；可行性研究报告编制依据；项目建设目标、规模、内容和建设期；项目总投资及资金来源；经济与社会效益；相对项目建议书批复的调整情况；主要结论与建议等。

2. 项目业主单位概况

包括项目业主单位与职能，项目实施机构与职责等。

3. 需求分析和项目建设的必要性

包括与组织业务职能相关的社会问题和组织业务目标分析；业务功能、业务流程和业务量分析；信息量分析与预测；系统功能和性能需求分析；信息系统装备和应用现状与差距；项目建设的必要性等。

4. 总体建设方案

包括建设原则和策略，总体目标与分期目标，总体建设任务与分期建设内容，总体设计方案等。

5. 本期项目建设方案

包括建设目标、规模与内容；标准规范建设内容；信息资源规划和数据库建设方案；应用支撑平台和应用系统建设方案；数据处理和存储系统建设方案；终端系统建设方案；网络系统建设方案；安全系统建设方案；备份系统建设方案；运行维护系统建设方案；其他系统建设方案；主要软硬件选型原则和详细软硬件配置清单；机房及配套工程建设方案；建设方案相对项目建议书批复变更调整情况的详细说明等。

6. 项目招标方案

包括招标范围，招标方式，招标组织形式等。

7. 环保、消防、职业安全和卫生

包括环境影响分析，环保措施及方案，消防措施，职业安全和卫生措施等。

8. 节能分析

包括用能标准及节能设计规范，项目能源消耗种类和数量分析，项目所在地能源供应状况分析，能耗指标，节能措施和节能效果分析等。

9. 项目组织机构和人员培训

包括领导和管理机构，项目实施机构，运行维护机构，技术力量和人员配置，人员培训方案等。

10. 项目实施进度

包括项目建设期，实施进度计划等。

11. 投资估算和资金来源

包括投资估算的有关说明，项目总投资估算，资金来源与落实情况，资金使用计划，项目运行维护经费估算等。

12. 效益与评价指标分析

包括经济效益分析，社会效益分析，项目评价指标分析等。

13. 项目风险与风险管理

包括风险识别和分析，风险对策和管理等。

除此之外，还可包括一些附表与附件。

1. 附表

（1）项目软硬件配置清单；

（2）应用系统定制开发工作量核算表；

（3）项目招投标范围和方式表；

（4）项目总投资估算表；

（5）项目资金来源和运用表；

（6）项目运行维护费估算表。

2. 附件

可研报告编制依据，有关的政策、技术、经济资料等。

5.1.4　初步设计方案编制说明

初步设计方案编制提纲可包括如下内容。

1. 项目概述

包括项目名称；项目建设单位及负责人、项目责任人，初步设计方案和投资概算编制单位；初步设计方案和投资概算编制依据，项目建设目标、规模、内容、建设期，总投资及资金来源，效益及风险，相对可行性研究报告批复的调整情况，主要结论与建议等。

2. 项目业主单位概况

包括项目建设单位与职能，项目实施机构与职责等。

3. 需求分析

包括组织业务目标需求分析结论，系统功能指标，信息量指标，系统性能指标等。

4. 总体建设方案

包括总体设计原则，总体目标与分期目标，总体建设任务与分期建设内容，系统总体结构和逻辑结构等。

5. 本期项目设计方案

包括建设目标、规模与内容，标准规范建设内容，信息资源规划和数据库设计，应用支撑系统设计，应用系统设计，数据处理和存储系统设计，终端系统及接口设计，网络系统设计；安全系统设计；备份系统设计；运行维护系统设计；其他系统设计；系统配置及软硬件选型原则；系统软硬件配置清单；系统软硬件物理部署方案；机房及配套工程设计；环保、消防、职业安全卫生和节能措施的设计；初步设计方案相对可研报告批复变更调整情况的详细说明等。

6. 项目建设与运行管理

包括领导和管理机构，项目实施机构，运行维护机构，核准的项目招标方案，项目进度、质量、资金管理方案，相关管理制度等。

7. 人员配置与培训

包括人员配置计划，人员培训方案等。

8. 项目实施进度

9. 初步设计概算

包括初步设计方案和投资概算编制说明，初步设计投资概算书，资金筹措及投资计划等。

10. 风险及效益分析

包括风险分析及对策，效益分析等。

除此之外，还可包括一些附表、附件与附图。

1. 附表

（1）项目软硬件配置清单。

（2）应用系统定制开发工作量核算表。

2. 附件

初步设计和投资概算编制依据，有关的政策、技术、经济资料。

3. 附图

（1）系统网络拓扑图。

（2）系统软硬件物理布置图等。

5.2　部署实施部分的监理要求

《监理总则》此部分内容基本覆盖了《2005 版总则》第 5 章，主要调整内容包括两方面，一是调整了监理目标这一说法，统一修改为监理要求，意在将相关阶段的监理工作要求更好地融合在实际监理工作当中；二是结合本部分监理实际经验，对部署实施的各个阶段的监理要求进行了进一步补充和完善。

5.2.1　招标阶段

招标阶段的监理工作具有很强的咨询特色。监理机构应协助业主单位做好需求分析（相当于立项后的第二次需求分析阶段，以后在设计阶段还要做第三次详细的需求分析），尽量将业主单位的业务需求转换为技术需求，以便准确地反映在信息系统工程的招标书上，这就是监理机构承担的咨询工作特点。

信息系统工程建设项目的招标阶段，监理要求是协助业主单位编制招标文件、编制标底、做好投标单位资格预审、组织评标和定标、参加合同谈判等工作，根据公开、公正、公平的原则，协助业主单位选择理想的承建单位进行工程承包，以期以合理的价格、先进的技术、较高的管理水平、较短的时间、较好的质量来完成工程实施任务。

在工程建设过程中，工程招标阶段是一个比较敏感的阶段，监理机构如果处理不好，可能会影响招标投标活动的公开、公平、公正和诚实信用原则的贯彻。因此，监理机构要严格规范监理人员的言行，注意监理工作的范围，防止监理人员将有关招标的文档资料和信息泄密。根据工程招标阶段的工作内容和监理机构的工作定位，对监理机构有如下要求。

（1）协助业主单位明确工程需求，确定工程建设目标。

只有明确了工程需求，才能确定工程建设的目标，否则可能会导致工程质量缺陷和工程延期，甚至造成工程的彻底失败。因此，工程需求是工程建设的基础，我们也应该充分注意需求描述的准确性和合理性。在许多情况下，业主单位的业务人员往往十分清楚其自身的业务需求，却无法用准确的信息技术语言来表述，从而大大地影响了投标方对工程实际需求的理解。因此，监理机构在工程招标阶段有义务协助业主单位的业务人员明确工程需求，确定工程建设目标。

工程需求一般包括：系统数据需求、功能需求、性能需求、安全需求以及运行时的需求（例如，用户界面要求、系统接口要求）等。不过，工程招标阶段的需求主要是为了确定工程建设目标，它有可能是不完善的、很粗略的，尤其是对于应用软件开发工程。

工程目标是工程需求与工程预计投资相结合的产物。监理人员应该根据工程预计投资情况，协助业主单位制定一个切实可行的工程目标。

（2）宜见证招标过程合法、合规。

本条款为新增加条款。监理机构作为客观公正的第三方，宜依照国家有关法律、法规和招标文件等要求，对整个招标投标过程进行见证，证明其合法性、合规性。

（3）应协助业主单位选择合适的承建单位。

本条款为新增加条款。合适的承建单位对于信息系统工程的成败有至关重要的影响。监理机构宜在招标阶段做好业主单位的参谋，针对所监理的信息系统的特点，调研有类似项目成功案例的潜在承建单位，为业主单位选择合适的承建单位打好基础。

（4）促使业主单位、承建单位所签订的承建合同在技术、经济上合理有效。在签订的承建合同中应明确要求承建单位接受监理机构的监理。

业主单位通过招标活动确定承建单位后，监理人员可根据业主单位的要求，参与承建合同的商务谈判，促使承建合同在技术、经济上合理有效。为了避免商务谈判阶段产生不必要的分歧，监理机构应帮助业主单位慎重撰写工程招标书，将有关商务条款和技术要求在招标书中予以明确；同时，在合同谈判阶段，监理人员应尽可能引导甲乙双方以工程招标书和中标人的投标书为基础进行合同谈判。为了监理机构实际开展日常监理工作时更好地获得承建单位的支持，标准明确了在签订承建合同时，承建单位应接受监理机构的监理这一要求。

5.2.2　设计阶段

如前所述，工程设计阶段的工作直接影响着后续的工程施工。因此，为了提高工程设计的质量，监理人员在这一阶段，既有咨询的任务，又有实施监督、管理的任务。本阶段对监理机构的具体要求如下。

（1）推动业主单位、承建单位对工程需求和设计进行规范化的技术描述，为工程实施提供优化的设计方案。

工程设计文档的规范化技术描述不仅有助于提高工程设计文档的可读性，便于工程实施人员的理解和实施，而且有助于待建系统的后期维护。因此，监理人员有义务要求承建单位提交的工程设计文档符合相关的技术标准。尤其是软件开发工程，目前已经存在许多国际和国家标准对软件工程文档提出具体的种类和格式要求，监理人员应该坚持要求承建单位的工程设计文档符合这些标准，避免文档分类和撰写格式的随意性。

工程设计方案的优化应该体现在以下几个方面：充分体现对现有资源的利用、技术与设备选择的经济性、系统配置的合理性等。监理人员应该根据技术的发展现状、以往的工程经验提出合理的系统优化建议。

（2）促使工程计划、设计方案满足工程需求，符合相关的法律、法规和标准，并与工程承建合同相符，具有可验证性。

首先，工程设计方案应该满足工程需求。监理人员应审核工程设计方案符合工程需求的程度。

其次，工程设计方案也应该符合国家的相关法律法规和标准。经过长期的积累和发展，国家已经制定了许多信息系统工程相关的法律法规和标准，以规范信息系统工程的行为。例如，电子政务网络系统按结构一般分为办公业务网（内网）、办公资源网（专网）和互联网（外网），国家有关法律法规已经明确：内网与专网之间可采用逻辑隔离，内网、专网与外网之间必须严格采用物理隔离技术，以保证电子政务系统内网、专网的安全运行。这些具体要求应该具体体现在工程设计方案中。

再次，工程设计方案应该符合工程承建合同的要求。工程承建合同规定了业主单位与承建单位双方的责任和义务，工程设计方案的内容应涵盖承建合同所规定的工程范围，并实现工程目标。

最后，工程设计方案应包括一个具有针对性的系统测试方案，以便系统验收时能够验证系统实现预定的技术指标。

（3）应协助业主单位、承建单位消除设计文档在进入工程实施前可预见的缺陷。

工程设计方案详细地阐述了待建系统的原型。为了实现工程质量的事前控制，监理人员应该仔细审查工程设计方案，尽可能发现方案中潜在的缺陷，并予以指出，责令承建单位及时修改。

（4）应协助业主单位组织专业人员评审工程设计方案。

本条款为新增加条款，主要说明监理机构应充分利用自身的经验及技术优势，协助业主单位对工程设计方案进行评审，主要从方案技术可行性、合理性等方面提出评审意见，以便承建单位优化工程设计方案。促使方案设计可控，对设计变更进行有效控制及管理。

5.2.3 实施阶段

工程实施阶段的监理工作一般比较繁重，这一阶段监理中的实际监督、协调工作要远远多于咨询工作。在工程实施的各个子阶段必须严格审查关键性过程和阶段性结果，检查其是否符合预定的质量要求，而且整个监理工作中应该强调对工程质量的事前控制和主动控制；任何工程子阶段开始之前，必须明确相应的进度安排，在工程进行过程中严格审查工程进度，确保工程的工期；严格审查和控制工程投资，对工程中出现的任何变更必须严格审查，核定变更费用。

具体来说，对监理机构在工程实施阶段有如下要求。

（1）审核工程实施方案的合法性、合理性，以及工程实施方案与设计方案的符合性。

工程实施方案是承建单位进行施工的指导性文件，应确保该系统设计方案的具体实现。因此，监理人员应随时加强工程监督和审核，审查工程实施方案的合法性、合理性与设计方案的符合性。

（2）促使工程中所使用的产品和服务符合承建合同及国家相关法律法规和标准。

工程质量的保证主要来源于两个方面：所用产品的质量（包括所有工程材料、软硬件设备等）和建设过程的质量（即承建单位的服务过程）。因此，监理人员应该始终以工程承建合同、法律法规和标准为依据，加强这两个方面的工作的检查。

（3）审核工程实施计划，对于计划的调整应合理、受控。

任何工程项目都应有一定的计划，信息系统工程也不例外。由于计划只是提前预估的结果，具体工程实施过程难免会遇到各种实际问题和困难，因此计划的调整是很难避免的，但监理人员有义务加强计划调整的管理，避免计划调整的随意性。

（4）促使工程实施过程满足承建合同的要求，并与工程设计方案、工程计划相符。

工程实施过程是待建系统的实现过程。为了保证工程目标的最终实现，监理人员在工程实施的各个子阶段随时比照工程设计方案，及时检查工程实施成果，及时纠正施工过程中出现的偏差。

5.2.4　验收阶段

工程验收阶段的监理要求如下：

（1）审核工程测试验收方案（验收目标、责任双方、验收提交清单、验收标准、验收方式、验收环境等）的符合性及可行性。

工程验收测试是进行信息系统工程验收的重要手段。为了保证验收的质量，监理人员应该协助业主单位审核验收测试方案，检查其是否符合工程设计方案及是否可行。

（2）协调承建单位配合第三方测评机构进行项目系统测评。

本条款相比原标准为新增加条款。准确阐明了监理机构在第三方测评环节所扮演的角色。一般对于重要的信息应用系统，作为质量保证的重要手段，许多信息系统项目单独采购第三方测试。根据目前大多数项目的情况，第三方测试一般在承建单位自测结束及系统上线之前，承建单位往往因上线进度节点的压力忽视对第三方测评机构的配合，因为承建单位受监理机构的监督管理，因而监理机构有责任、有义务协调承建单位配合第三方测评机构进行项目系统测评，主要关注协调召开测评工作启动会、组织评审测评方案、协调测试环境、见证关键测评过程、督促承建单位整改所发现的问题等关键环节。

（3）促使工程的最终功能和性能符合承建合同、法律法规和标准的要求。

检验工程质量的最终准绳依然是工程承建合同、法律法规和标准。因此，工程测试验收方案应反映工程承建合同、法律法规和标准的要求。

（4）促使承建单位所提供的工程各阶段形成的技术、管理文档的内容和种类符合相关标准。

信息系统工程建设过程中，各种技术与管理文档是工程建设成果的重要组成部分。完整的工程文档不仅有利于追溯各项工程事件和行为，同时也利于信息系统的后期维护和升级。监理人员应该要求承建单位在工程验收阶段提交完整的工程文档。

5.3　运行维护部分的监理要求

信息系统的核心价值在于使用。长久以来，我国信息化工作一直将注意力主要集中在信息系统建设层面。但无论信息系统的建设过程多么美好或曲折，其在行政、民生、经济、安全等领域的实际效能及价值，只有在它的实际运行使用过程当中才能体现。因此，与信息系统建设工程相对应，信息系统的运行维护也将成为我国信息化发展的重点方向和核心内容之一。信息系统的运行维护执行工程化管理，ITSS 已发布了运行维护相关的标准和实施指南。因此，本《标准总则》增加了运行维护监理服务部分，并提出了相应的监理要求。

运行维护监理服务部分从阶段划分上与传统的工程监理有一些不同，首先，它继承了传统工程监理招标和实施阶段的划分思路；其次，根据运行维护服务的特点，增加了评估及认定阶段。

5.3.1　招标阶段

运行维护服务招标阶段，监理机构的主要工作内容包括协助运维服务的需方单位完成运维岗位职责规划、运维服务标准制定、运维服务商的遴选、运维绩效考核方案制定等具体工作。在信息系统运行维护项目中，招标阶段是一个比较重要的阶段，如果招标阶段未明确运行维护的服务标准和绩效考核方案，可能会影响后续工作的高效顺利开展。根据运行维护服务招标阶段的工作特点，对监理机构有如下要求。

（1）监理机构应协助运维服务需方单位明确信息系统运维服务主要任务和服务标准。

监理机构应协助运维服务需方单位进行招标策划工作，根据业主需求及相关标准确定运维主要任务和服务标准。服务标准应包括岗位职责规划、服务管理流程、服务支撑系统、服务内容、服务质量指标等。

（2）监理机构应协助运维服务需方单位在信息系统运维阶段选择适合的提供运维服务的单位，包括招标的工作。

监理机构应协助运维服务需方单位完成运维服务供方单位的遴选工作。运维服务标准确定后，运维服务的具体需求就可以相对明确下来，从而可以根据需求选择相符的运维服务供方单位，选择方式主要包括公开招标、邀请招标、询价采购和直接采购。

在运维服务需方单位的授权下，监理机构可参与招标文件的编制、招标答疑、评标、运维服务合同签署等工作。

（3）监理机构应协助运维服务需方单位与运维服务供方单位签署运维服务级别协议（SLA），在技术、经济上合理有效。在签订的运维服务合同中应明确要求运维服务供方单位接受监理机构的监理。

运维服务供方单位基于服务级别协议（SLA）向运维服务需方单位提供各类运维服务。不同服务级别对应的服务质量指标是服务级别协议的重要组成部分，体现运维服务的质量。监理机构应协助运维服务需方单位和运维服务供方单位完成服务级别协议的签署，并对服务级别协议的服务范围、服务响应时间和方式、现场维护服务级别定义、用户服务响应级别、服务管理、联系人等从技术、经济上进行评审，同时需要在协议上明确监理机构的角色和职责。

5.3.2 实施阶段

信息系统运维监理和建设监理的实施阶段工作目标和工作形式是相同的，都是通过驻场为运行维护需方单位提供项目管理和质量监督方面的服务，但运维监理的监理对象由工程转变成了服务，因此其工作方法除了传统信息系统工程监理的“三控、两管、一协调”外，还应考虑安全控制、应急管理、配置管理和效能管理。

为了保证运行维护需方单位运维工作的顺利进行，运维监理的工作内容主要包括根据绩效考核标准对各个运维服务商进行监督、检查、考核和评估，注重对运维全过程的管理，其工作内容主要分为绩效考核、质量监督和督查督办三大类。根据运行维护服务实施阶段的工作内容，对监理机构有如下要求。

（1）监理机构应依据服务级别协议及服务目录，协助运行维护需方单位对运维服务供方单位的工作进行监督和考核，包括建立考核制度、指标和办法，通过有效监督保证运维服务的质量。

考核是运行维护需方单位和运维监理在既定运维项目的目标下，运用特定的标准和指标，对运维服务供方单位以及运维监理过去的工作及取得的工作业绩进行评估，并运用评估的结果对运维服务供方单位将来的工作行为和工作业绩产生正面引导的过程和方法。考核就是对运维服务供方单位达到目标情况的一个跟踪、记录和考评。

监督需要对运维服务供方单位的工作成果进行监督和检查，并对工作量进行评估。质量监督主要包括对数据变更、系统变更、管理体系、运维费预算等方面的监督、检查和评估。

（2）监理机构应配合运行维护需方单位及运维服务供方单位共同制订可操作的业务连续性运维方案和计划，并按照运维方案和计划监督运维服务供方的运维工作。

运维方案和计划是运维服务实施的指导性文件，监理机构应协助运维服务供方单位编制符合运行维护需方单位运维需求的运维方案和计划，同时应对方案和计划的可行性、合理性和经济性等进行评审，并给出评审意见。同时运维服务方案计划中还应包括运维质量保证计划、信息系统运维安全规划、运维配置管理计划、文档管理体系和管理计划等。

（3）监理机构应配合运行维护需方单位及运维服务供方单位共同制订灾难恢复方案与计划，按照灾难恢复方案与计划，协助运行维护需方单位组织灾难恢复演练，并监督演练。

许多事件都可能造成业务中断，从系统内部故障和操作错误到各种环境灾难等，由此造成的损失也是屡见不鲜，因此需要定期进行严格的数据备份工作和相应的灾难恢复计划。灾难恢复方案主要包括备份计划和灾难恢复计划，一方面要采用先进的备份软、硬件，保证快速、有效地进行数据备份，另一方面还应该制订方便、快捷的灾难恢复措施，并协助运行维护需方单位定期组织灾难恢复演练，并监督演练。

5.3.3　评估及认定阶段

招标阶段需要完成绩效考核方案的制订工作，实施阶段需要在运维服务全过程对运维服务供方单位的实施效果进行考核和评估。从运行维护服务的特殊性考虑，弱化了验收阶段，取而代之的是增加了评估及认定阶段，意在通过最后的评估及认定手段为运行维护服务的效果进行整体验收和绩效考核。

出于以上考虑，运行维护服务评估及认定阶段对监理机构有如下要求。

（1）监理机构应协助运行维护需方单位对运维后的系统进行效果评估。

运维服务供方单位在运维合同结束前，应提交运维效果自评估报告，报告应主要针对运维后的系统效果进行说明，监理机构应针对运维效果自评估报告，进行运维后效果的检查和评估，并给出监理意见。

（2）监理机构应协助运行维护需方单位对运维服务结果、服务交付过程以及相关管理的工作进行评估、认定和验收。

监理机构应以运行维护服务合同期为单位，根据运行维护需方单位的指示，按照前期制订的绩效考核方案，对运行维护服务结果进行综合评价，形成书面的运行维护服务综合评价报告。同时为了保证运维服务项目的顺利交接和过渡，在运行维护服务项目完成前，监理机构应协助运行维护需方单位组织运维服务供方单位进行项目验收，应包括服务交付的验收，形成书面的运行维护项目验收意见。

第6章　监理内容

6.1　招标阶段

《监理总则》对于招标阶段的监理内容有了一定程度上的调整，包括写作结构上由原来纵向的“三控两管一协调”写法改为了横向的过程式写法，将招标阶段监理工作内容主要分为招标前准备阶段、招标书编制阶段、招标过程阶段，同时还重点描述了招标阶段监理的咨询服务内容，突出监理的咨询特色。

根据招标阶段的工作内容，监理机构在本阶段的主要工作是了解项目实际情况、协助开展项目招标工作、协助商务谈判和审核合同。换句话说，就是为业主单位提供协助性工作，推动招标工作的顺利进行。

监理的协助性工作一般可以从两方面着手：一方面，监理机构应该以《中华人民共和国招标投标法》和被监理项目的特点为依据，就招标的组织形式以及工作流程向业主单位提供明确的建议；另一方面，监理机构应该从技术的层面，及时了解项目的需求，协助业主单位准备招标所需的各项文件，推动各投标单位提交一份符合项目需求的投标方案，并促使业主单位与中标单位在其签署的合同中明确项目的各项技术要求与进度要求，并细分费用的组成，做好质量、进度与投资的事前控制。

6.1.1　监理内容

招标阶段监理工作内容主要包括以下几方面：

（1）在业主单位授权下，监理机构宜参与业主单位招标前的准备工作，协助业主单位编制本工程项目的工作计划。

（2）在业主单位授权下，监理机构宜参与招标书的编制。监理机构应对招标书的内容提出监理意见。

（3）在业主单位授权下，监理机构应协助业主单位进行招标工作。

（4）监理机构应向业主单位提供咨询服务。

1. 工作计划制订

监理机构招标前的准备工作主要是指工作计划的制订，根据招标工作的特点，监理机构协助业主单位制订的项目工作计划应包含以下内容。

（1）工程建设内容。明确工程建设内容是招标阶段的核心工作，协助业主单位明确工程建设的内容及范围，界定本次招标要完成哪些具体工作，避免业主在投资有限的情况下将工程范围逐渐扩大，造成项目的质量及进度无法实现。

（2）组织管理。根据工程建设内容及业主单位内部职能架构，确认组织管理人员及其职权范围，做到责任明晰。

（3）工程建设准备工作。根据工程现有基础条件，对开工前的准备工作进行逐一梳理，影响工程开工条件的内容要尽快汇报至业主单位。

（4）总包、分包方式。应根据工程建设规模、建设内容及阶段，协助业主单位选择适宜的总包、分包方式，应明确是否允许承包人将工程分包或转包等。

（5）工程建设的阶段划分及验收。根据工程建设总体目标、阶段目标、资金落实情况及计划工期等条件，协助业主划分建设阶段，并明确各阶段要完成的具体工作及质量、进度标准，确定各阶段的验收标准及终验的验收标准。

（6）质量管理计划。根据工程质量标准，协助业主拟定概要的质量管理计划，所谓后续承建单位质量管理计划报审的审核依据。

2. 参与标书编制

工程招标书是工程招标阶段的重要文档，对工程后期的建设具有重要作用。为了提高工程招标书的质量，监理机构宜参与招标书的编制，尤其是招标书技术附件的编制。监理机构可以根据自身对业务需求的了解，在与业主单位有关人员充分讨论的基础上，协助编写招标书的技术附件部分，力求准确、科学地表达业主单位的实际需求。与此同时，监理机构应协助业主单位根据工程预算，在招标书中对工程目标、范围、内容和产品及服务的技术要求做出明确说明。

监理机构在参与招标书编制的过程中，应主要从以下几方面提出监理意见。

（1）对招标文件中工程技术和质量的要求进行审核并提出监理意见，协助业主单位在招标文件中真实反映工程建设的技术需求。首先，审核其指标描述是否具体和准确。详尽的指标要求可以避免投标方错误理解业主单位的要求，便于双方共同理解系统验收的指标。其次，审核其是否满足业主单位的业务需求。业务需求是系统设计的基本出发点，并通过技术和质量要求来具体约束系统未来的规模和特性。再次，审核技术和质量要求的可实现性。不可实现的技术和质量要求将会影响招标工作的正常进行。最后，审核技术和质量要求的经济性。监理机构应该综合考虑业主单位的现有设施、实际需求和资金现状，审核技术和质量的要求，提前做好工程的投资控制。

（2）对招标工程所涉及的主要产品和服务的要求进行审核并提出监理意见，协助业主单位通过招标采购所需的产品及服务。产品的质量是整个信息系统质量的基石，服务的质量是工程质量的保障手段，只有将两者有机地结合起来，才能科学地进行质量控制。

（3）对投标单位资质的要求提出监理意见。根据工程的规模及复杂程度选择适宜的承建单位，避免“大马拉小车”及“小马拉大车”的现象出现。招标书中应根据工程的实际情况，明确投标单位的资质要求。投标单位的资质要求一般可以从两个方面加以考虑，一方面是投标单位的资质认证要求；另一方面是投标单位的工程经验要求，同类工程的实施经验将有利于预防工程可能出现的缺陷。

（4）协助业主单位在招标文件中明确工程验收方法，为后续工程实施及验收过程提供依据。信息系统的验收通常采用测试的方法来验证系统预先设计的技术指标，这些技术指标可能包括系统的功能指标、性能指标、可靠性指标、系统兼容性指标和系统互操作性指标等内容，具体的测试指标应根据待建系统的特点来确定。测试指标确定的同时，我们也应该明确测试指标的测试结果及其可以接受的准则，以作为未来系统是否通过系统验收的重要技术衡量指标。

（5）对招标文件中工程时间进度的要求进行审核并提出监理意见，协助业主单位根据工程具体情况选择适宜的工期要求是工程质量的保障。工程的时间进度要求不仅应该明确总体进度，同时也应该明确工程各阶段的时间安排，以便后期工程实施过程中进行阶段性进度检查和监督。同时，工程进度目标的合理确定和科学分解对于整个工程进度控制至关重要，监理机构应该独立地对整个工程进度进行科学评估，给出合理的监理意见，其中尤其应该关注工程任务的分解与工程进度目标分解是否一致。

3. 参与招标工作

招标工作中的工作内容主要包括招标过程相应文档的收集及整理，以及根据业主单位的授权对招标过程中的技术性问题进行答疑，具体分解如下。

（1）在业主单位要求的前提下，监理机构可以参与招标的答疑工作，答疑的范围应限定在与招标书技术附件相关的问题上，协助业主单位对工程所涉及的功能、技术指标向投标单位进行解释，并以会议纪要形式予以记录，以便后期查阅。

（2）应业主单位请求，监理机构可以对评标的评标标准提出监理意见，尤其是提出合理的技术部分的评定标准，招标方可以在此基础上最终确定评标标准和方法。同时监理机构在业主单位和招标代理机构邀请的条件下，可以有限度地协助进行技术标的评判，针对投标书与招标书的符合性、一致性和合理性，提出监理意见。该监理意见仅供参考，招标方可以综合考虑其他专家的意见、商务标的评选结果，最终确定中标单位。

（3）监理机构在整个招标阶段的协调工作内容均应被记录，可以通过会议纪要的形式进行记录，关键的协调结果需要做工程备忘录。

（4）监理机构应妥善管理工程招标阶段所产生的与监理相关的文档资料，包括需求说明、招投标文件和监理文档等。

（5）监理机构应对本阶段的工作进度提出监理意见。本阶段的工作进度安排最为关键的是确保招标工作进度不被拖延。招标工作进度是否合理，应该比对《中华人民共和国招投标法》相关时间要求，避免时间进度安排的随意性。监理机构在招标参与过程中，应注意投标人的进度承诺。

（6）监理机构应参与承建合同的签订过程，在承建合同中应明确要求承建单位接受监理机构的监理。为了有利于监理工作的顺利进行，加强承建单位与监理机构之间的配合，应该在承建合同中，明确监理机构的地位和作用，以及承建单位所需的配合工作。

（7）监理机构应建议业主单位在承建合同中明确工程阶段划分及其质量和进度要求，并以此作为工程阶段性付款依据。阶段性付款制度是控制工程进度和投资的有效手段，监理机构应该向业主单位建议一个合理的工程阶段划分，以便确定工程款的支付进度。

（8）监理机构应与业主单位及相关单位建立信息沟通机制，保持各方工程目标、范围和业务需求等理解的一致性。信息沟通机制可以根据工程项目特点、各单位的项目管理要求等来确定，沟通的形式可以是不定期的、非正式的电话、邮件沟通，也可以是正式的书面意见或者会议。

4. 招标咨询工作

《监理总则》对招标阶段的工作以咨询服务方式为主，不是按照传统的“三控两管一协调”的思路组织安排。在招标阶段，咨询的任务主要包括：协助业主单位明确工程需求、确定工程建设目标；见证招标过程合法、合规，协助业主单位选择合适的承建单位；促使承建合同在经济、技术上合理有效等。具体工作内容如下。

（1）向业主单位提供与信息工程建设有关的法律法规和技术标准等信息。与信息工程建设有关的法律、法规和标准信息是监理工作的基础，监理机构应该及时识别这些法律、法规和标准，并为业主单位提供这方面的信息，确保监理工作有理有据。

（2）监理机构应进行市场调查和询价，起草合同条款，为业主单位进行商务谈判提供咨询服务，协助业主单位与承建单位签订合理有效的承建合同，为业主单位在合同签订过程中遇到的问题提供咨询服务。

（3）监理机构应协助业主单位对工程的目标、范围和功能进行界定，并确定工程的预算，或根据业主单位的预算建议工程建设的范围及内容。

（4）监理机构应协助业主单位根据工程预算，在招标书中对工程的目标、范围、内容和产品及服务的技术要求、提供时间等做出明确说明；根据业主单位已确认的预算情况及建设需求，对采购的产品、服务的档次及质量标准向业主单位提供咨询意见。

（5）对业主单位项目资金使用情况提出相应的咨询意见，尽量做到“好钢用到刀刃上”。

（6）监理机构应建议业主单位在承建合同中明确规定工程所包含的功能、技术要求、测试标准、验收要求和质量责任等有关内容，避免后续实施及验收过程中出现扯皮现象。

6.1.2　监理流程

招标阶段是项目的开端，其重要性不言而喻。如果招标工作做得好，能够选择一个优秀的承建单位，签署一个责权利清晰的合同，项目成功的可能性就会大大增加。对于工程招标阶段的工作，由于项目类型、内容以及行业方面的差异，不同单位对于具体的项目会采取不同的操作流程和招标方式。图 6-1 所示的工作流程图是在总结国内多数信息系统工程项目招标工作流程的基础上，梳理出的一个相对具有共性的招标工作流程。该招标流程仅供读者参考，可以根据具体项目具体分析。

下面将详细阐述工程招标阶段具体的工作流程（图中各方框为“环节”）。

1）了解工程需求

如果参与工程招标阶段的工作，监理机构应该协助业主单位梳理工程需求，明确工程范围和内容；对于项目未来实施过程中可能涉及的关键技术提出科学合理的咨询意见；对于大型工程也可以就项目分包情况提出相应的建议。本环节需要的输入文件至少应该包括：工程立项书、相关法律法规以及标准等。

2）撰写招标书

无论业主单位是委托专业的招标公司（或称招标代理机构）进行工程招标，还是自行进行招标，监理机构都有义务就工程招标方式以及招标文件的内容提出建设性意见，尤其是招标文件的技术部分。

3）发布招标公告

如果业主单位决定采用公开招标的方式，则应利用公开的媒体和渠道发布招标公告，在招标公告中至少应该明确投标单位的资质要求，尽可能避免不合格的投标单位参与投标，以减少招标的工作量；如果业主单位决定采用邀请招标的方式，则应及时通知拟邀请的投标单位。

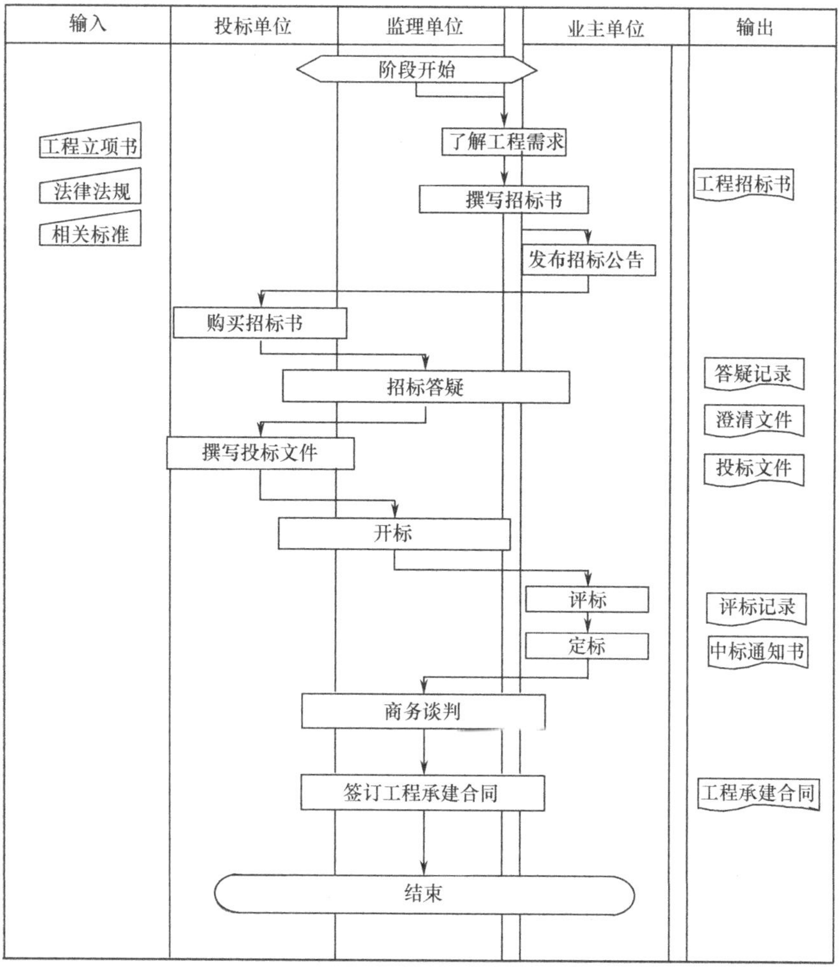

图 6-1　招标阶段的监理工作流程图

4）购买招标书

投标单位根据招标公告或者投标邀请函的内容，结合自身条件，决定是否购买招标书及是否参与投标。

5）招标答疑

单位购买招标书并决定参与投标后，及时组织人员仔细研读招标书的各项内容和条款，对其中需要业主单位进一步澄清和解释的问题应该以质疑函的形式提出书面的意见；业主单位应该就投标单位提交的质疑函中涉及的相关问题以澄清函的形式及时给予答复，甚至专门安排时间召开招标答疑会议，当面解释和澄清有关问题，必要时应提请监理机构予以协助。

6）撰写投标文件

投标单位根据招标书的要求以及澄清函的内容，组织人员在规定的时间内完成投标文件。一般情况下，投标文件应该包括两大部分：技术部分和商务部分。技术部分文件主要对应于招标书中技术条款的要求，如工程技术方案、投标设备介绍等；而商务部分将用于阐述企业资质、业绩、人员、工程服务承诺以及报价等商务性内容。投标文件撰写完毕后，投标单位应该按照招标书的要求进行投标文件的装订和封装。

7）开标

投标单位按照招标书要求的时间，将投标文件送达规定的地点，提交给指定的人员。业主单位应及时会同招标机构（如委托专业招标代理机构）确定并落实所有评标专家。其后，各投标单位应服从招标工作人员的安排参与工程开标过程，见证开标结果。由于行业特性、招标方式或者招标机构经验的不同，开标的具体过程差异性很大。一般情况下，开标阶段包括以下主要步骤。收标书、业主致辞、宣布投标纪律、唱标、讲标。

8）评标

评标专家根据投标文件和讲标的情况，从技术和商务两个方面进行标书的评审工作，并形成推荐的中标候选单位。如果业主单位邀请，监理机构可组织技术人员就各投标单位的技术性投标文件进行评审，并给出相应的建设性意见。

9）定标

业主单位根据评标专家推荐的中标候选单位以及项目的实际情况，最终确定中标单位，并及时将中标阶段结果通知各投标单位。

10）商务谈判

业主单位根据中标结果，参照招标文件、投标文件的相关内容，组织人员与中标单位进行商务谈判，并就工程承建合同的各个条款达成共识。其间，监理机构应就合同条款内容提出具体的修改意见，尤其是合同技术性条款的内容。

11）签订工程承建合同

业主单位和承建单位最终签署正式的工程承建合同。

6.2　设计阶段

工程设计阶段的工作直接影响着后续的工程施工。因此，为了提高工程设计的质量，监理人员在这一阶段既有咨询的任务，又有实施监督、管理的任务。

6.2.1　监理内容

设计阶段的主要监理内容包括设计、测试验收、计划方案的审查，以及变更方案和文档资料管理等工作。具体工作可通过《监理总则》中有关表（单）的审核、签署进行。

签订承建合同后，承建单位应根据承建合同的有关规定，对所承包的项目进行设计。对于不同的信息系统工程项目，该阶段的内容和进度各有不同。例如，许多网络系统工程在工程招标阶段已经确定了工程设计方案，在该阶段可能只是一个最终确认；而软件开发工程则应在工程设计阶段完成系统需求分析、系统概要设计和系统详细设计。

由于工程设计的内容将深入到工程系统环境和工程系统功能等细节部分，方案的设计质量直接关系到信息系统是否能够顺利实现，所以该阶段的监理工作的重要性和复杂度可想而知。为了做好工程设计阶段的监理工作，监理人员需要充分理解业主单位的工程需求，审阅大量的设计文档，进行必要的审查取证工作。对于发现的每个设计疏漏和缺陷，监理人员应予以记录，并及时签发相应的监理工作联系单与承建单位沟通，要求对问题进行整改，如承建单位整改仍不合格，监理机构应签发监理通知单，责令承建单位进行整改并跟踪落实。由此可见，工程设计阶段监理的核心工作任务是审核各类工程设计文档。设计文档的审查工作应该充分考虑业主单位的工程需求，并参考相关的技术标准；审查的内容不仅应该涉及文档规范性的审查，同时也应涉及设计内容的完整性、正确性和合理性审查；审查工作应充分利用监理人员的类似工程经验，该类型项目的类比也是设计验证和审查的重要手段。

1. 设计方案的审查

设计方案的审查工作应主要包括设计和评审两个阶段。

设计方案的编制工作主要由承建单位完成，但监理机构应重点从实际需求出发，对系统结构、数据结构、系统的开发环境、运行环境、各种接口类型、系统维护方式、软硬件设备型号和有关配置要求等提出要求。

方案评审工作是监理在设计阶段的重点工作。所谓评审，主要是由业务专家、信息技术专家以及有关领导管理人员对承建单位所提交的设计方案进行综合性审核。经验证明，影响一个信息系统工程项目建设的最关键阶段是设计阶段，设计方案一旦确定，要想进行大的变动和调整就会大费周折。因此，在系统进行实际施工和开发之前，应先对设计方案进行认真的评审。评审应主要从以下三个方面进行：

（1）系统是否明确满足具体使用者及其管理部门的业务需求，是否符合行政管理部门的法律法规要求。

（2）系统施工和开发所采用的方法是否符合标准化的方法，工程进行所需的各种资源是否已有效识别和配备。

（3）设计人员是否对软硬件资源进行了优化设计，是否采用了合适的系统运行平台和开发工具，以及是否实现了对软硬件资源的最佳利用。

设计方案评审的主要目的就是确定用户的要求是否得到充分满足，但对使用者提出的要求也应全面分析，不能无原则地全盘接受，要看这些要求与总体目标及其他使用者的要求是否有矛盾。

由于目标系统总是与具体的需求相关，并且一些复杂目标系统涉及技术自身的复杂性，因此对于大型的信息系统工程，监理机构应建议业主单位专门组织相应专家评审委员会，从需求符合性、技术先进性、系统安全性和工程经济性等方面，综合评审工程设计方案。根据专家的评审意见，监理机构应及时签发监理工作联系单或监理通知单，责令承建单位予以整改。

设计方案的审查工作如下［注：以下符号 a)，b）…等均为《监理总则》原文］。

a）承建单位提交工程设计方案/计划报审表（参见表 A.1）后，监理机构应审核如下内容：

（1）与项目需求的符合性；

（2）工程关键技术的实现方法、流程及技术保障措施的合理性；

（3）工程实施的质量保证措施的可行性、合理性及其文档的完整性；

（4）其他必要的内容。

b）内容审核后，签署监理审核意见。工程设计方案无问题时，监理机构应在工程设计方案/计划报审表（参见表 A.1）中签认，否则监理机构可通过监理工作联系单（参见表 B.9）的方式与承建单位沟通，要求对问题整改；如承建单位整改仍不合格，监理机构应签发监理通知单（参见表 B.8），责令承建单位整改，并跟踪落实。

c）必要时，监理机构应协助业主单位组织专业人员评审工程设计方案。工程设计方案存在缺陷时，监理机构可通过监理工作联系单（参见表 B.9）的方式与承建单位沟通，要求对问题进行整改：如承建单位整改仍不合格，监理机构应签发监理通知单（参见表 B.8），责令承建单位整改，并跟踪落实。

《监理总则》关于通知单和联系单的使用方式有所变化，通知单需要承建单位整改后反馈回执，而联系单不需要反馈回执。同时为了工作高效顺利，监理项目实施过程中应尽量减少通知单的数量，以联系单为主。如果联系单未取得预期效果，必要时可签发通知单。

2. 测试验收方案的审查

承建单位提交工程阶段性测试验收（初验、终验）方案报审表（参见表 A.6）后，监理机构应组织业主单位及相关人员对工程阶段性测试验收方案进行审核，审核后签署监理审核意见。工程阶段性测试验收方案无问题时，监理机构应在工程阶段性测试验收（初验、终验）方案报审表（参见表 A.6）中签认，否则监理机构可通过监理工作联系单（参见表 B.9）的方式与承建单位沟通，要求对问题进行整改。如承建单位整改仍不合格，监理机构应签发监理通知单（参见表 B.8），责令承建单位整改，并跟踪落实。

测试验收方案的审查工作重点应从与设计方案的符合性上进行审查，原则是测试验收方案应符合系统设计方案，可以对待建系统进行验证，方案应包括测试用例设计、测试方法与流程设计、测试结果的判别方法等内容，监理机构主要对这三项内容的符合性和可验证性等进行评审并提出评审意见。

3. 计划方案的审查

计划方案的审查工作如下［注：以下符号 a)，b）…等均为《监理总则》原文］:

a）承建单位提交设计阶段进度计划报审表（参见表 A.1）后，监理机构应依据承建合同对设计阶段进度计划进行审核，审核后签署监理审核意见。设计阶段进度计划无问题时，监理机构应在进度计划报审表（参见表 A.1）中签认，否则监理机构可通过监理工作联系单（参见表 B.9）的方式与承建单位沟通，要求对问题进行整改；如承建单位整改仍不合格，监理机构应签发监理通知单（参见表 B.8），责令承建单位整改，并跟踪落实。

b）承建单位提交实施阶段进度计划报审表（参见表 A.1）后，监理机构应审核工程进度计划的可行性、合理性和各阶段工作成果的判定依据及其可操作性，审核后签署监理审核意见。实施阶段进度计划无问题时，监理机构应在进度计划报审表（参见表 A.1）中签认，否则监理机构可通过监理工作联系单（参见表 B.9）的方式与承建单位沟通，要求对问题进行整改；如承建单位整改仍不合格，监理机构应签发监理通知单（参见表 B.8），责令承建单位整改，并跟踪落实。

计划方案是一个系统具体的实施方案，应该包括施工的组织设计、人员要求、施工流程设计和工程进度安排等。监理机构应从方案的要素完整性、计划合理性和可行性、计划的可检查等方面进行评审。监理机构应根据计划方案，合理安排对工程进行阶段性质量监督计划和控制的措施及方法等。同时，监理机构应与业主单位、承建单位确定工程设计阶段的协调形式和方法，如监理例会和专题会议等，并在项目过程中执行。

4. 变更方案的管理

设计变更在任何工程建设过程中都是不可避免的，信息系统工程也是如此。设计变更应该得到有效的控制，否则将影响工程实施的进度、投资和质量。监理机构应对设计阶段出现的变更提出监理意见，协调业主单位、承建单位达成一致。关于工程的变更首先需要制订变更方案，进而对变更进行管理，总结变更方案的管理工作如下［注：以下符号 a)，b）…等均为《监理总则》原文］。

a）监理机构应控制设计变更，变更应由三方达成共识，并做工程备忘录（参见表 B.5）。监理机构应控制设计变更，检查变更原因是否合理；变更后项目质量及实施周期是否满足合同要求；项目投资预算要合理控制，不能超出项目总预算；设计变更评审无误后，变更应由三方达成共识，并做工程备忘录。

b）监理机构应及时对合同的变更结果做工程备忘录（参见表 B.5）。例如对硬件产品的变更，监理机构应及时核对合同原设备和变更设备的配置参数，保证正偏离，保证项目质量符合合同要求，并且收集变更申请材料，及时与厂家联系确认变更材料的真实性及符合性，确认无误后，组织三方对变更内容签署工程备忘录。

c）监理机构应对设计阶段协调的结果做工程备忘录（参见表 B.5）。监理机构组织业主单位、承建单位、监理单位三方对设计阶段协调的结果进行最终确认，保证项目质量和进度符合合同要求及业主单位需求，确认无误后三方签署工程备忘录。

5. 文档资料管理

在设计阶段，文档资料的管理显得尤为重要，尤其是版本控制和变更控制等。总结设计阶段文档资料管理的主要工作如下［注：以下符号 a)，b）…等均为《监理总则》原文］：

a）监理机构应要求业主单位和承建单位妥善保管有关的文档资料，包含项目招投标文件、项目合同、开工文档、施工过程文档、产品检测报告、合格证、监理文档、测试文档、项目竣工文档等。

b）监理机构应妥善保管工程设计阶段的监理文档，并监督检查工程文档的时效性和可用性。

c）监理机构应对工程中各方提出保密要求的信息实施保密，同时有针对性地加强知识产权的保护。

d）监理机构应对设计阶段三方共同参与的过程和活动做工程备忘录（参见表 B.5），并由三方签认。监理机构应对设计阶段业主单位、承建单位、监理单位共同参与的过程和活动做工程备忘录。

6. 措施和方法

在设计阶段，监理机构应采取有效的措施和方法，对本阶段的工作进行控制及管理。

（1）监理机构应对业主单位和承建单位有关技术方案、软件源代码及有关技术秘密等涉及知识产权的内容制订保护措施，在监理细则中编写相应内容，用于指导监理工作。

（2）监理机构应根据业主单位设计方案，确定对工程进行阶段性质量监督、控制的措施及方法，在监理细则中编写相应内容，结合项目的实际情况，进行监理工作。

（3）监理机构应根据承建单位工程进度计划，确定阶段性进度监督、控制的措施及方法，在监理细则中，编制监理工作计划，用于指导监理对项目的进度控制。

（4）监理机构应及时处理业主单位或承建单位合同变更及其他变更的申请，进行变更评审并出具变更意见。

（5）监理机构应与业主单位、承建单位建立沟通协调机制，例如周期性例会制度、不定期的专题会制度以及电话、邮件等通信机制和纸介质传递机制，并发出联系单要求各方在项目工作中贯彻执行。

（6）监理机构应对设计阶段出现的变更提出监理意见，协调业主单位、承建单位达成一致。

7. 咨询

为了提高工程设计的质量，监理人员在这一阶段将更多地扮演咨询方的角色，为业主单位出谋划策。咨询的主要工作内容及方式如下：

（1）监理机构应建议业主单位和承建单位充分考虑目标系统与现有系统的兼容性和互操作性。许多信息系统工程建设都是建立在现有信息系统设施基础之上的，为保护工程投资，目标系统的设计应该充分考虑与现有系统的兼容性和互操作性，这种兼容性和互操作性不仅包括设备的兼容性和互操作性，而且包括现有数据资源的重复利用。此外，目标系统的设计还应考虑新旧系统的迁移和割接。

（2）监理机构应依据招投标文件、承建合同，审核工程计划、设计方案中所说明的工程目标、范围、内容、产品和服务，针对可能的投资变化向业主单位提出监理意见。

（3）监理机构应协调业主单位调动适当的资源，配合承建单位完成工程设计前期的调查和分析工作。

6.2.2 监理流程

尽管设计阶段监理工作的复杂程度要高于招标阶段，但是其工作流程相比于招标阶段的监理工作流程（参见图 6-2）更简单。

本阶段的工作流程主要包括设计方案报审和设计变更处理两个方面，其中设计方案的报审流程如下：

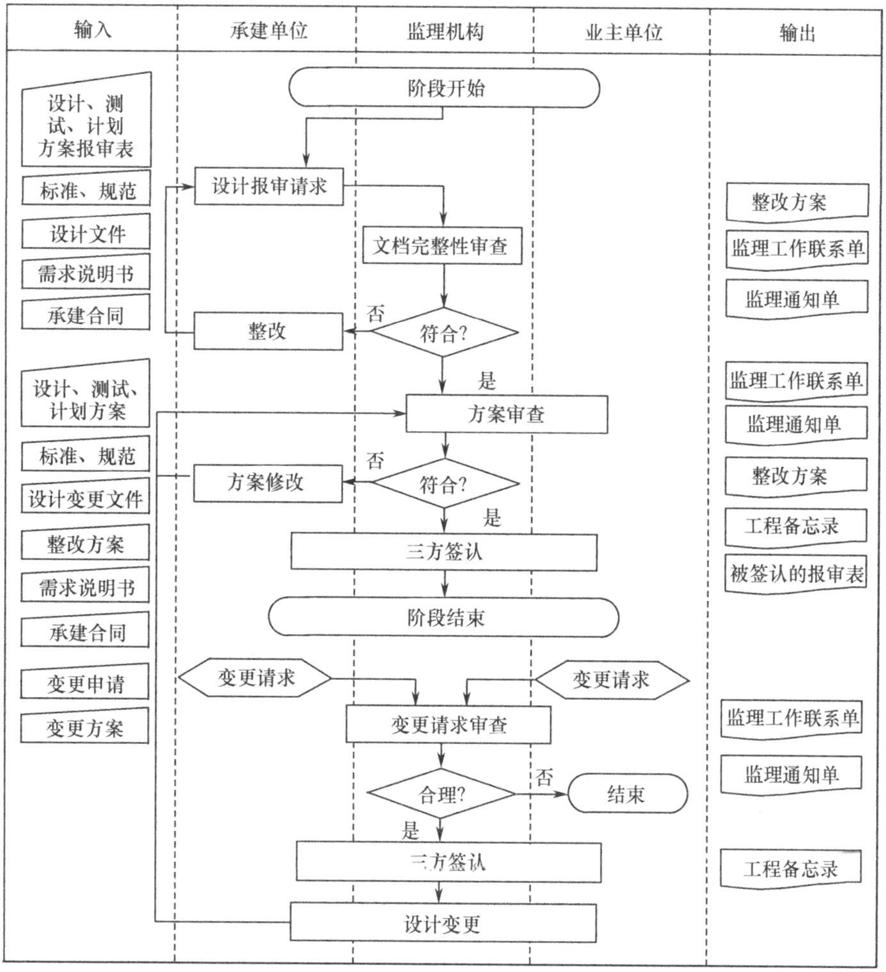

图 6-2　设计阶段的监理工作流程图

（1）工程承建单位完成工程设计方案后，及时向监理机构提交设计方案评审申请。评审的输入文档主要包括设计文件本身、标准规范、工程需求书、承建合同等。

（2）监理机构收到承建单位提交的设计评审申请后，协助业主单位组织人员进行设计文档完整性审查。如果发现设计文档存在不完整的问题，例如网络设计方案缺少必要的 IP 地址规划、软件的详细设计文档缺少必要的业务数据字典的说明等，应及时签发监理工作联系单或监理通知单，责令承建单位进行必要的整改；承建单位整改完毕后，应重新提请审查。

（3）设计文档完整性审查完毕后，监理机构组织人员（必要时请业主单位派人参与）进行设计方案的详细审查；审查的重点是需求符合性、设计合理性、设计正确性等。其中，需求符合性审查的重点是检查设计方案是否满足业主单位的工程需求，这种需求审查至少应该涵盖功能需求、性能需求、兼容性需求、互操作性需求、系统接口需求以及用户界面需求等。设计合理性审查的重点为检查系统结构是否合理、数据库设计和数据项定义是否合理、用户界面内容位置设计是否合理、产品选型是否合理等。设计正确性审查的重点是关键算法的设计是否正确、测试方案是否正确有效等。对于审查过程中发现的设计问题，监理机构应及时签发监理工作联系单或监理通知单，责令承建单位予以整改。《监理总则》中关于通知单和工作联系单的使用方式有所变化，通知单需要承建单位整改后反馈回执，而工作联系单不需要反馈回执；同时为了工作高效顺利，监理项目实施过程中应尽量减少通知单的数量，以工作联系单为主；如果工作联系单未取得预期效果，必要时可签发通知单。

（4）设计文档审查完毕后，工程三方应对评审完毕的设计文档进行签认。

由于信息系统工程自身的复杂性，设计文档评审的实施过程也可能多种多样，既可以分阶段评审，例如软件开发项目的设计评审就可以分成概要设计评审、详细设计评审这两大阶段；也可以分部分评审，例如网络集成项目就可以分成系线设计方案评审和系统测试方案评审两大部分，成熟一部分评审一部分。

设计变更在任何工程建设过程中都是不可避免的，信息系统工程也是如此。设计变更应该得到有效的控制，否则将影响工程实施的进度和质量。设计变更控制主要通过两个手段来实现：变更流程上的控制和变更内容的控制，即首先通过规范的流程来防止变更的随意性，其次，变更的具体内容应该得到有效的约束，也就是变更是否实施，如何实施应该充分协商。一般情况下，设计变更可以由承建单位提出，也可以由业主单位提出。具体的变更控制流程如下：

（1）监理机构受理业主单位和承建单位的书面变更请求后，应及时组织三方进行会商，详细讨论变更的合理性和必要性，以及变更后需要进行的修正工作。

（2）如果三方会商认为变更不合理，则应签发监理通知单及时通报变更提出方，否则三方应该就变更内容以及变更实施具体的工作内容形成工程备忘录。

（3）变更实施完毕后，承建单位应就变更后的设计文档提出评审申请。

6.3 实施阶段

6.3.1 监理内容

实施阶段的监理内容是对信息系统工程的质量、进度和投资进行控制，对承建合同和文档资料进行管理，协调有关各方面的工作关系。此外，还应根据信息系统工程特点，对知识产权进行管理。

工程实施阶段就是信息系统实现的过程，也是承建单位和监理单位工作量最大的工作阶段，其主要监理任务是：通过现场监督、核查、记录和协调，及时发现工程实施过程中的问题，并督促承建方采取措施、纠正问题，促使工程质量、进度、投资等按要求实现。

6.3.2 质量控制

实施阶段的质量控制内容如下：

（1）工程实施前，承建单位应提交质量管理计划报审表（参见表 A.1），由监理机构组织审核，审核后签署监理审核意见。质量管理计划无问题时，监理机构应在质量管理计划报审表（参见表 A.1）中签认；否则，监理机构可通过监理工作联系单（参见表 B.9）的方式与承建单位沟通，同时报送给业主单位，要求承建单位对问题进行整改；如承建单位整改仍不合格，监理机构应签发监理通知单（参见表 B.8），同时报送给业主单位，责令承建单位整改，并跟踪落实，直到达到要求，监理对质量管理计划报审表（参见表 A.1）中签认。

监理机构签认后的质量管理计划报审表要报给业主单位签批，业主单位通过质量管理计划对将来的成果物形成心理预期。

注：在《2005 版总则》中，发现问题直接使用监理通知单。在本《监理总则》中，发现问题，先通过监理工作联系单沟通解决，若承建单位整改仍不合格，则使用监理通知单。这样的处理更加人性化，更有利于推动项目。

（2）工程实施前，监理机构应组织业主单位、承建单位召开工程实施准备会议（启动会议）。会前，要求承建单位落实实施计划、实施方案、进场人员的资质材料和必要的准备工作，会议内容做监理会议纪要（参见表 B.6）并经三方签认。

工程实施准备会议还应商定工程各方的协作机制和工作流程，明确各方项目负责人及责任，澄清工程设计方案以利于工程实施过程的组织协调、信息出口统一和工程各方对工程设计方案的准确理解。

（3）工程实施前，承建单位应提交工程实施方案报审表（参见表 A.1），由监理机构组织审核实施方案，审核后签署监理意见。工程实施方案无问题时，监理机构应在工程实施方案报审表（参见表 A.1）中签认；否则，监理机构可通过监理工作联系单（参见表 B.9）的方式与承建单位沟通，同时报送业主单位，要求承建单位对问题进行整改，如承建单位整改仍不合格，监理机构应签发监理通知单（参见表 B.8），同时报送业主单位，责令承建单位整改，并跟踪落实，直到达到要求，监理对工程实施方案报审表（参见表 A.1）签认。

监理机构签认后的工程实施方案报审表要报给业主单位签批，这样有利于业主单位事先安排好工程实施的现场环境。

注：在《2005 版总则》中，发现问题直接使用监理通知单。在本《监理总则》中，发现问题，先通过监理工作联系单沟通解决，若承建单位整改仍不合格，则使用监理通知单，这样的处理更加人性化，更有利于推动项目。

监理机构审核实施方案的内容如下：

① 实施方案与法律法规和标准的符合性；

② 实施方案的合理性和可行性；

③ 实施方案与合同（含招标文件、投标文件）、设计方案和实施计划的符合性；

④ 工程实施的组织机构；

⑤ 与质量管理计划的相符性。

工程实施前，实施方案要获得业主单位认可。监理可组织业主单位、承建单位一起讨论并对方案的理解达成一致。

（4）监理机构应组织对承建单位提供的产品及服务进行验收，对验收结果做验收纪录，并经三方签认；对不符合合同或相关标准规定的产品及服务应拒绝签认。没有被签认的产品及服务不得在工程实施中应用。产品及服务验收应包括如下内容：

① 产品及服务应与承建合同要求和产品文档的说明一致；

② 产品及服务的有效性和真实性；

③ 必要时，监理机构可依据承建合同、技术标准或事先约定的方法检测产

品及服务的质量，对于数量较大的同类型产品及服务，监理机构可采取抽样方法；

④ 必要时，监理机构应要求承建单位提交第三方测试机构出具的测试报告，并核验产品认证证书、检测报告的真实性、有效性；第三方测试机构应有相应的测试资质，并经业主单位和监理机构同意。

具体的检查项可组织三方商议确定，依据软件工程监理规范、基础设施工程监理规范等相关标准规范。

（5）监理机构应定期按计划检查承建单位工程实施状况、人员与实施方案的一致性。

（6）监理机构应执行已确定的阶段性质量监督、控制措施及方法，并做监理日志（参见表 B.7）；出现工程质量问题时，经确认后监理机构可通过监理工作联系单（参见表 B.9）的方式与承建单位沟通，并报送业主单位，要求承建单位对问题进行整改，如承建单位整改仍不合格，监理机构应签发监理通知单（参见表 B.8），报送业主单位，责令承建单位整改，并跟踪落实。

（7）监理机构应及时处理承建单位提交的工程中关键环节的工程阶段施工申请（参见表 A.7），审核其合理后签认，报业主单位批准。

（8）必要时，监理机构应检查承建单位重要工程步骤的衔接工作，做监理日志。（参见表 B.7）。未经监理工程师检查认可，承建单位不能进行与之相关的下一步骤的实施。

（9）监理机构应及时处理工程变更申请，审核变更的合理性，具体按 8.3.5b）处理，保证工程总体质量不受影响。

（10）有分包单位时，监理机构应组织审核分包单位的工程实施资质（参见表 A.2），禁止不具备工程实施资格的分包单位参与工程实施。

（11）监理机构可参照以下程序处理工程中出现的质量事故：

① 监理机构应要求承建单位在事故发生（承建单位主动申报或者监理方发现）后立即采取措施，尽可能控制其影响范围，并及时签发停工令（参见表 B.2），报业主单位；

② 监理机构应在接到事故申报后（监理发现问题，及时要求承建单位对事故进行申报）立即组织有关人员检查事故状况、分析原因，与业主单位、承建单位共同确认初步处理意见；

③ 监理机构应监督承建单位采取措施，查清事故原因，审核承建单位提出的事故解决方案及预防措施，提出监理意见，提交业主单位签认；

④ 监理机构应审查承建单位报送的事故报告及复工申请（参见表 A.4），条件具备时，经总监理工程师签发复工令（参见表 B.3）。

（12）监理机构若发现工程实施过程存在重大质量隐患，应及时向承建单位签发停工令，（参见表 B.2），并报业主单位，监督承建单位进行整改。整改完毕后，及时处理承建单位的复工申请（参见表 A.4）。

由于事故原因及处理过程可能会影响工程实施进度，监理机构应要求承建单位根据实际情况核查工程进度，调整工程计划及采取补救措施。监理机构组织业主单位、承建单位一起讨论调整后计划的可行性，如果调整后的计划与原计划相比出现延期，则承建方必须提出延期申请，报送给监理机构。

6.3.3 进度控制

实施阶段的进度控制内容如下。

（1）工程实施前，承建单位应提交工程实施计划报审表（参见表 A.1），监理机构应审核承建单位工程实施计划的合理性，审核后签署监理审核意见。实施计划无问题时，监理机构应在工程实施计划报审表（参见表 A.1）中签认，否则监理机构可通过监理工作联系单（参见表 B.9）的方式与承建单位沟通，同时报送业主单位，要求承建单位对问题进行整改。如承建单位整改仍不合格，监理机构应签发监理通知单（参见表 B.8），同时报送业主单位，责令承建单位整改并跟踪落实，直到达到要求，监理对工程实施计划报审表（参见表 A.1）签认。

监理机构签认后的工程实施计划报审表要报给业主单位签批，这样有利于业主单位按计划安排好工程实施需要业主单位配合的事项。

注 1：工程实施计划有时包含在工程实施方案中，此种情况可跳过该部分。

注 2：在《2005 版总则》中，发现问题直接使用监理通知单。在本《监理总则》中，发现问题，先通过监理工作联系单沟通解决，若承建单位整改仍不合格，则使用监理通知单，这样的处理更加人性化，更有利于推动项目。

（2）承建单位提交开工申请表后，监理机构应审核开工申请（参见表 A.3），检查工程准备情况。工程实施条件具备时，总监理工程师应签发开工令（参见表 B.1），并报业主单位签认，通知承建单位开始实施工程。

（3）承建单位提交阶段性进度计划报审表（参见表 A.1）后，监理机构审核阶段性进度计划的合理性，审核后签署监理审核意见。阶段性进度计划无问题时，监理机构应在阶段性计划报审表（参见表 A.1）中签认，否则监理机构可通过监理工作联系单（参见表 B.9）的方式与承建单位沟通，要求对问题进行整改；如承建单位整改仍不合格，监理机构应签发监理通知单（参见表 B.8），责令承建单位整改并跟踪落实。

（4）监理机构应定期检查、记录工程的实际进度情况，确定实际进度与计划相一致，并做监理日志（参见表 B.7）。若实施进度与计划有偏差，监理机构应及时通过监理工作联系单（参见表 B.9）的方式与承建单位沟通，同时报送业主单位，要求承建单位对进度偏差做出说明并采取措施。

（5）必要时，承建单位可向监理机构提出延期申请。监理机构应及时处理工程延期申请（参见表 C.2），宜按下述程序处理工程延期。

① 监理机构应根据工程情况确认其合理性，并与业主单位、承建单位协商确认后，由总监理工程师对工程延期申请予以确认（参见表 B.14）；

② 工程延期影响工程总体进度计划时，监理机构应要求承建单位修改工程总体进度计划，经三方签认后，做工程备忘录（参见表 B.5）。

（6）监理机构应组织审查进度纠偏措施的合理性、可行性，监理机构可通过监理工作联系单（参见表 B.9）的方式与承建单位沟通，要求对问题进行整改；如承建单位整改仍不合格，监理机构应签发监理通知单（参见表 B.8），同时报业主单位，要求承建单位按计划进行修改并跟踪落实。

6.3.4　投资控制

实施阶段的投资控制内容如下［注：以下 a），b）…等编号为《监理总则》原编号］。

a）总监理工程师应依据承建合同及其补充协议，对资金使用情况实施监督，并审核承建单位提交的工程阶段报告和付款申请（参见表 A.5），总监理工程师签发工程款支付意见（参见表 B.4），报业主单位签认。

b）监理机构应从目标系统的质量、进度和投资等方面审查工程变更，由于变更引起投资的改变应按照合同的相关条款执行。在合同中没有规定的，应在变更实施前与业主单位、承建单位协商确定变更导致的投资变化，并做工程备忘录（参见表 B.5）。

c）监理机构应及时处理费用索赔申请（参见表 C.1），宜按下列程序处理：

（1）申请方应在合同规定的期限内向监理机构提交费用索赔申请表（参见

表 C.1)；

（2）总监理工程师指定监理工程师收集与索赔有关的资料；

（3）总监理工程师进行索赔审查，与承建单位和业主单位协商索赔费用；

（4）总监理工程师应在承建合同规定的期限内签发索赔审批意见（参见表 B.13），或在承建合同规定的期限内发出要求申请方提交详细资料的监理意见单（参见表 B.10）；

（5）当申请方的索赔要求与工程延期要求相关联时，总监理工程师应综合考虑工程延期和费用索赔的关系，做出费用索赔和工程延期的建议。

6.3.5 合同管理

实施阶段的合同管理内容如下［注：以下 a)，b)…等编号为《监理总则》原编号］。

a）监理机构应监督合同执行情况，定期向建设单位提交监理报告，监理报告格式可根据实际情况及监理单位用表自定，监理报告可抄送承建单位；

b）监理机构宜按以下程序处理工程变更：

（1）业主单位或承建单位提出的工程变更（参见表 C.3），应编制变更文件，提交总监理工程师，由总监理工程师组织审核，并由三方在工程变更单（参见表 C.3）中予以签认。

（2）监理机构应了解工程变更的实际情况，收集相关资料或信息。

（3）监理机构应根据实际情况，参考变更文件及其他有关资料，按照承建合同的有关条款，对工程变更范围、内容、实施难度以及变更的投资和工期做出评估，签发监理意见单（参见表 B.10），反馈给承建单位并报业主单位。

(4) 监理机构应对工程变更过程及结果做工程备忘录(参见表 B.5)。监理机构应要求承建单位在变更文件签署前,不得实施工程变更。

(5) 监理机构应根据工程变更文件监督承建单位实施。

c) 监理机构应及时协调合同纠纷,公正地调查分析,提出监理意见。

6.3.6 文档资料管理

实施阶段的文档资料管理内容如下[注:以下 a),b)…等编号为《监理总则》原编号]:

a) 监理机构应妥善管理工程实施阶段所产生的开工令(参见表 B.1)、停工令(参见表 B.2)、复工令(参见表 B.3)、监理工作联系单(参见表 B.9)、监理通知单(参见表 B.8)、监理日志(参见表 B.7)和工程备忘录(参见表 B.5)等资料,并及时在约定的时间内将相关文档资料反馈给业主单位和承建单位。

b)监理机构应对工程实施阶段三方共同参与的过程和活动做工程备忘录(参见表 B.5),并由三方确认。

c) 监理机构应监督业主单位、承建单位按照既定的要求编制和管理工程文档资料,如实施计划、实施方案、产品及服务验收报告、费用索赔申请表(参见表 C.1)、工程延期申请表(参见表 C.2)和工程变更单(参见表 C.3)等。

6.3.7 协调

实施阶段的协调内容如下[注:以下 a),b)…等编号为《监理总则》原编号]:

a) 监理机构应与业主单位、承建单位共同建立实施阶段协调的机制,如监理例会、专题会议等。

b) 监理工程师应根据需要及时组织专题会议,解决工程实施过程中的各种专项问题，并做会议纪要（参见表 B.6），提交业主单位和承建单位。

c）监理机构应协调业主单位和承建单位对工程变更的范围和内容等，达成一致意见。

d）监理机构应协调业主单位和承建单位对索赔的意见达成一致。

e）监理机构应协调、督促业主单位配合承建单位的工程实施。

6.3.8 监理流程

实施阶段的监理流程内容如下所述。

图 6-3 表示了工程实施阶段的监理工作流程，它主要包括两大部分：实施过程的处理流程和合同管理过程的处理流程。

实施过程的处理流程主要任务是受理工程实施申请，并对工程实施过程进行监理，对于其中发现的工程问题及时通过监理工作联系单与承建单位沟通，督促其进行整改；若整改不合格，则签发监理通知单，责令承建单位进行整改，并对整改措施的落实进行监督。具体的处理流程如下：

（1）承建单位做好工程实施前的各项准备工作后，向监理机构提出工程实施申请。监理机构收到工程实施申请后，及时检查和落实各项准备工作的完成情况。一般情况下，准许开工的条件至少应该包括：完成了工程实施质量管理计划、系统设计方案和工程实施方案；合格的工程实施人员已经到位（以上内容监理机构已通过审核并进行了签认）；工程实施所需的软硬件设施具备。条件具备时，监理机构应及时签发开工令，否则通过监理工作联系单，甚至是监理通知单责令承建单位进行整改。

（2）工程实施启动后，监理机构依据签认的工程质量管理计划、工程实施方案、工程实施计划和监理细则的要求对现场实施监理。对于监理实施过程中发现的问题及时通过监理工作联系单的方式与承建单位进行沟通，要求承建单位整改；若整改不合格，则签发监理通知单，并责令承建单位再次进行整改。工程实施过程的阶段性成果应进行三方签认。

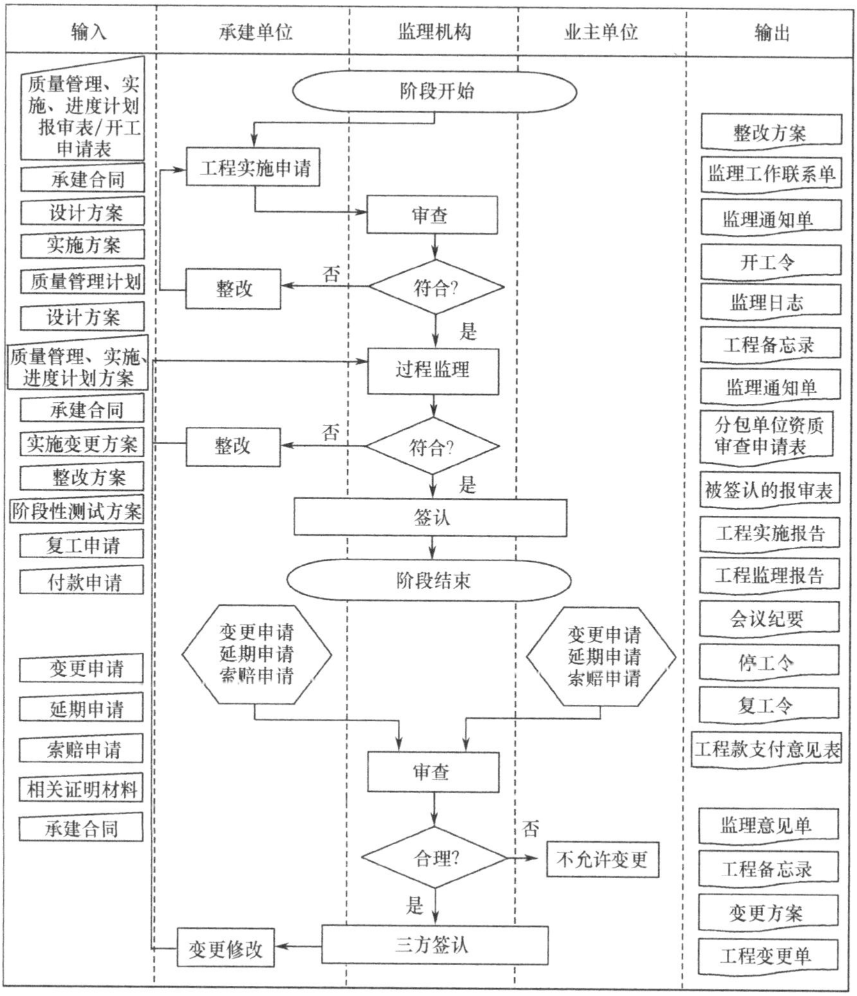

图 6-3　工程实施阶段监理流程图

（3）工程实施过程结束后，承建单位及时提交工程实施报告，监理机构及时提交工程监理报告。

合同管理过程的处理流程主要受理工程实施过程中出现的各种合同管理问题，如工程延期问题、工程变更问题和工程索赔问题等。具体的处理流程如下：

（1）业主单位或承建单位就合同管理相关问题（如工程变更问题、工程延期问题、工程索赔问题等）提出申请，申请中应将相关问题产生的原因、责任归属、处理方式做出说明。其后，监理机构根据工程实际情况，收集相关信息，并进行相应的审查。

（2）如果合同管理问题申请的理由充分、合理，监理机构应予以批准；三方就申请处理结果达成一致后，及时签署工程备忘录并落实合同变更，否则及时签发监理通知单，告知申请方不同意申请的意见并说明原因。

（3）合同变更处理完毕后，工程实施过程根据变更予以一定的修正，监理机构须相应调整监理细则，落实合同变更内容。

6.4　验收阶段

工程验收阶段是全面验证和认可工程实施成果的阶段，由于信息系统的特殊性，进行信息工程验收时，有必要坚持以测试为基础、以事实为依据开展工程的验收工作。

本次标准修订中出现的变化如下：

（1）“8.4.1 质量控制”中将原标准中的“a）监理机构应及时处理承建单位提交的初验申请（参见表 B.6），审核初验的必备条件。监理机构签认后，报业主单位签认。具备初验条件时，监理机构在初验报审表（参见表 B.6）中予以签认，并报送业主单位签认；否则，监理机构应签发监理通知单（参见表 C.8），责令承建单位整改”和“b）监理机构应协助业主单位审核承建单位提交的验收计划及其方案，明确验收目标、各方责任、验收内容、验收标准、验收方式和验收结果等内容，审核后签署监理审核意见。验收计划及其方案无问题时，监理机构应在初验报审表（参见表 B.6）中予以签认；否则，监理机构应签发监理通知单（参见表 C.8），责令承建单位整改”的顺序进行了调整。

（2）增加了“8.4.1 质量控制”中“g）监理机构应协助业主单位和承建单位做好对知识产权进行管理的工作。在工程终验前，监理机构应检查所完成的信息系统中，承建单位是否提供了非正版软件。如提供了非正版软件，监理机构可通过监理工作联系单（参见表 B.9）的方式与承建单位沟通，要求对问题进行整改；如承建单位整改仍不合格，监理机构应签发监理通知单（参见表 B.8），责令承建单位整改并跟踪落实”。

6.4.1　监理内容

1. 质量控制

验收阶段的质量控制内容如下［注：以下 a），b）…等编号为《监理总则》原编号］：

a）监理机构应协助业主单位审核承建单位提交的验收计划及其方案（参见表 A.1），明确验收目标、各方责任、验收内容、验收标准、验收方式和验收结果等内容，审核后签署审核意见。验收计划及其方案无问题时，监理机构应在初验（终验）方案/计划报审表（参见表 A.1）中予以签认；否则，监理机构可通过监理工作联系单（参见表 B.9）的方式与承建单位沟通，要求对问题进行整改；如承建单位整改仍不合格，监理机构应签发监理通知单（参见表 B.8），责令承建单位整改并跟踪落实。

b）监理机构应及时处理承建单位提交的工程阶段性测试验收初验报审表（以下简称初验报审表，参见表 A.6），审核初验的必备条件。具备初验条件时，监理机构在初验报审表（参见表 A.6）中予以签认，并报业主单位签认；否则，监理机构可通过监理工作联系单（参见表 B.9）的方式与承建单位沟通，要求对问题进行整改。如承建单位整改仍不合格，监理机构应签发监理通知单（参见表 B.8），责令承建单位整改并跟踪落实。

初验条件是否具备的判断标准主要是所有外购的软硬件设备是否按照计划到位、工程设计方案是否得到全面实施、相关变更和工程问题是否得到落实等。

c）监理机构应协助业主单位对初验中发现的质量问题进行评估，根据质量问题的性质和影响范围，确定整改要求和整改后的验收方式，以监理通知单的形式告知承建单位；必要时应组织重新验收。

d）监理机构应敦促承建单位根据整改要求提出整改方案，并监督整改过程。

e）监理机构与业主单位和承建单位一起对初验结果进行确认，共同签署初验合格报告。

f）监理机构应有计划地监督系统的试运行，督促承建单位解决试运行中出现的质量问题。

g）监理机构应协助业主单位和承建单位做好知识产权的管理工作。在工程终验前，监理机构应检查所完成的信息系统中，承建单位是否提供了非正版软件。如提供了非正版软件，监理机构可通过监理工作联系单（参见表 B.9）的方式与承建单位沟通，要求对问题进行整改；如承建单位整改仍不合格，监理机构应签发监理通知单（参见表 B.8），责令承建单位整改并跟踪落实。

注：此项 g）为《2015 版总则》新增条款。

h）监理机构应协助业主单位组织工程终验。监理机构应及时处理承建单位提交的终验报审表（以下简称终验报审表，参见表 A.6）。具备终验条件时，监理机构在终验报审表（参见表 A.6）中予以签认，并报业主单位签认；否则，监理机构可通过监理工作联系单（参见表 B.9）的方式与承建单位沟通，要求对问题进行整改。如承建单位整改仍不合格，监理机构应签发监理通知单（参见表 B.8），责令承建单位整改并跟踪落实。

i）对于工程中的关键性技术指标，监理机构应要求承建单位出具第三方测试机构的测试报告。第三方测试机构应经业主单位和监理机构同意。

j）监理机构应督促承建单位完成项目实施方案确定的培训，并对培训效果做出评估（参见表 B.11）。

2. 进度控制

验收阶段的进度控制内容如下［注：以下 a），b）…等编号为《监理总则》原编号］：

a）监理机构应对验收阶段进度安排提出监理意见。

b）监理机构应审核承建单位初验、终验和工程整改计划的可行性，以监理意见单（参见表 B.10）的形式告知业主单位和承建单位。

c）监理机构应要求业主单位、承建单位以初验合格报告作为启动试运行的依据，以终验报告作为工程验收结束的依据。

3. 投资控制

验收阶段的投资控制内容如下［注：以下 a），b）…等编号为《监理总则》原编号］：

a）总监理工程师审核承建单位提交的付款申请表（参见表 A.5），根据承建合同规定的付款条件，签发工程款支付意见表（参见表 B.4）。

b）项目终验后，监理机构应审核承建单位的工程结算，可协助业主单位进行工程决算。

4. 合同管理

验收阶段的合同管理内容如下［注：以下 a），b）…等编号为《监理总则》

原编号]：

a）监理机构应及时向业主单位、承建单位通报承建合同、协议及相关变更所规定工程内容的执行情况，并提出监理意见。

b）监理机构宜协助业主单位与承建单位签署其他补充协议。

5. 文档资料管理

验收阶段的文档资料管理内容如下［注：以下 a)，b）…等编号为《监理总则》原编号］：

a）监理机构应管理工程验收阶段的文档，如初验方案/计划报审表（参见表 A.1）、初验报审表（参见表 A.6）、初验报告、终验方案/计划报审表（参见表 A.1）、终验报审表（参见表 A.6）和终验报告等相关文档。

b）监理机构应敦促业主单位、承建单位按照事先约定，编制、签署和保存验收阶段的工程文档。

c）监理机构应督促业主单位、承建单位及时整理工程文档。

d）监理机构应整理与工程有关的全部监理文档，并提交业主单位。

6. 协调

验收阶段的协调内容如下［注：以下 a)，b）…等编号为《监理总则》原编号］：

a）监理机构应协调业主单位和承建单位在验收计划、验收目标、验收范围、验收内容、验收方法和验收标准等方面达成一致，填报工程备忘录（参见表 B.5），并经三方签认。

b）监理机构应协调业主单位配合验收阶段的工作。

c）监理机构应及时对验收阶段协调的结果填报工程备忘录（参见表 B.5），

并经三方签认。

d）监理机构应协助业主单位和承建单位完成工程移交工作。

7. 验收阶段各子阶段的内容

一般情况下，工程验收阶段的管理工作可以分为三个子阶段：工程初验子阶段、系统试运行子阶段和工程终验子阶段。具体内容如下所述。

- 工程初验子阶段

工程初验子阶段工作分为初验申请审核和初验工作两个阶段。

1）初验申请审核

工程承建单位提交初验验收方案和初验申请书。工程业主单位和监理单位审查验收方案的合理性，核实工程的完成情况，审查初验申请，并出具初验申请意见书。验收前监理准备工作如下：

（1）要求承建单位提交验收申请书和验收测试方案；

（2）核对当前状态是否符合初验条件；

（3）检查各系统功能状态是否满足合招投标等文件的要求；

（4）核实未完善的工作及备忘录的有关内容；

（5）若存在未完善的工作，则必须在召开初验会议之前，三方共同讨论并确定未完善的工作如何解决、解决的时间、质保服务如何保障等，一般以工程备忘录的形式处理（若承建单位能在验收前解决，则督促解决，否则对达成一致的处理办法形成书面材料）；

（6）初验要求的各类文档是否是监理审核通过且承建单位调试的最新文档；

（7）审核验收方案并出具监理意见；

（8）准备并装订监理文档，同时准备好验收会议上监理总结材料；

（9）准备一份验收报告（适合三方签字使用）。

质量控制内容如下：

监理机构应及时处理承建单位提交的初验报审表（以下简称初验报审表，参见表 A.6），审核初验的必备条件（参见验收前监理准备工作）。

2）初验工作

当初验申请获得批准后，成立工程初验测试小组指导整个工程初验测试工作。一般工程初验测试小组应包括工程业主单位、工程承建单位和工程监理单位的工作人员。初验测试小组应对承建单位提出的初验测试方案进行评审，审核初验测试方案的合理性和科学性。初验测试方案获得批准后，业主单位、承建单位和监理单位按照测试方案的实施安排进行初验测试，并形成初验测试报告。在初验测试小组评审测试报告的过程中，应判断工程是否实现预定的功能、达到预定的性能，核定初验是否完成。必要时，可以组织相应的初验验收会，聘请相应的专家审定初验的结果。进入验收状态监理工作如下：

（1）协调三方人员进行验收测试；

（2）听取业主单位对验收的意见；

（3）协调三方人员讨论具体验收事宜（验收形式、参会人员、文档准备等）；

（4）协助业主单位准备验收会议（验收议程等）；

（5）监理文档整理、装订；参考业主单位意见或相关标准并对承建单位的文档装订提出意见。

验收会议监理工作如下：

（1）协助业主单位安排会场（签到表、会签）；

（2）按会议议程执行；

（3）做好记录；

（4）会议纪要和验收报告落实签字。

质量控制内容如下：

（1）监理机构协助业主单位对初验中发现的质量问题进行评估，根据质量问题的性质和影响范围，确定整改要求和整改后的验收方式，以监理通知单的形式告知承建单位，必要时组织重新验收；

（2）监理机构敦促承建单位根据整改要求提出整改方案，并监督整改过程；

（3）监理机构与业主单位和承建单位一起对初验结果进行确认，共同签署初验合格报告。

- 系统试运行子阶段

系统试运行的目的是发现系统潜在的问题，试运行周期可根据实际情况在合同中明确。工程业主单位应建立完整的系统试运行记录，并及时向工程各方面报告试运行期间所出现的各种问题。对于这些问题，监理单位应协助承建单位分析有关原因并解决，同时形成工程事故报告或有关备忘录。在系统试运行后期，监理方可协助业主单位、承建单位进行系统试运行情况的用户调查工作，发现和分析系统存在的问题，并汇总形成系统试运行报告。系统试运行的调查可以采用问卷调查和现场勘察相结合的方式，尽可能地了解系统试运行期间的全面的工作状况。系统试运行子阶段的监理工作如下：

（1）审核承建单位的试运行申请，符合条件则协调三方允许系统正式进入试运行；

（2）跟踪承建单位现场人员是否到位及正常工作情况；

（3）定时或不定时了解用户对现场人员是否满意，若有问题，核实后可对承建单位提出要求；

（4）抽查承建单位现场人员的工作记录（解决用户问题），对问题比较集中、有 BUG 或还有部分开发量调整的工作做好记录，根据实际情况可召开三方会议讨论解决方法、时间等；

（5）督促承建单位及时解决出现的问题；

（6）根据初验前备忘录内容，核实承建单位落实情况；

（7）试运行结束后，建议用户出具用户使用意见，要求承建单位出具试运行报告和试运行期间的问题总结报告（若有问题没解决或问题比较多，可作为试运行时间延长的依据）。

质量控制内容如下：

监理机构有计划地监督系统的试运行，督促承建单位解决试运行中出现的质量问题。

文档资料管理内容如下：

监理机构管理工程验收阶段的文档，如项目试运行记录等。

- 工程终验子阶段

承建单位应该首先提出工程终验的申请和终验方案。监理单位应该协助业主单位审查承建单位提出的终验申请，如果符合终验条件（即系统的功能和性能满足设计要求，并且彻底解决了现存的问题），则开始准备工程终验；否则，向承建单位提出系统整改意见。

开始终验后，监理单位应协助业主单位成立终验测试小组，该小组应包括业主单位、承建单位和监理单位的成员，同时可以外聘一些专家。终验测试小组成员应审核测试内容及相关指标（可以包括系统的功能验证、性能测试以及培训效果测试等），并确定相应的终验测试方案；同时确定承建方所应提供的文档清单（为了保证测试结果的公正性，在必要情况下，可以聘请第三方的测试机构进行工程终验测试）。测试小组依据终验测试方案进行测试，并记录相应的终验测试结果。根据终验测试结果，监理方提交终验整改意见书，并会同业主单位和承建单位确定系统终验整改进度表，重新进行相关的测试，直至问题得到彻底的解决。

如果终验测试的所有测试指标达到系统设计要求，承建单位提供的文档完整，合同其他条款得到明确的落实（例如人员技术培训和其他优惠条件等），而且终验委员会讨论一致通过，则三方参与签署工程终验合格书。工程终验子阶段监理工作如下：

（1）根据承建合同有关条款，核实实际情况是否满足终验要求。

（2）审核终验申请，并出具监理意见，同意则提交建设单位，否则给承建单位提出整改意见（如果此时由于某些客观原因还有未完成的事项，需协调三方事先做好沟通，承建单位签好承诺书）。

（3）协调项目相关方确定终验方案（含承建单位总结报告 PPT）及终验形式（三方会议或专家会议）、参与人员、议程等。

（4）协助建设单位做好终验准备。

（5）根据已定的验收议程召开会议，做好记录、会议纪要和验收报告落实签字；会议上，监理的发言材料要提前准备好。

（6）三方签订终验合格证书。

6.4.2 监理流程

验收阶段的监理流程参见图 6-4。

由图 6-4 可以看出，工程验收阶段的监理工作流程主要包括三大部分：初验的工作流程、试运行的工作流程和终验工作流程。具体工作流程如下。

（1）承建单位提出初验申请及相关材料（含初验测试方案）后，监理机构及时会同业主单位审查初验是否具备条件、测试方案是否可行。若条件具备和测试方案可行，双方代表签字同意初验；否则，监理机构签发监理工作联系单或监理通知单责令承建单位整改。

（2）三方进行初验测试及其审查。三方按照初验测试方案的要求对预定的测试指标使用预定测试方法进行测试，并共同见证测试结果，对于测试过程发现的问题，监理机构及时签发监理通知单，责令承建单位进行整改。

（3）如果初验测试结果表明工程内容得到了有效的实现，监理机构会同业主单位签署初验合格证书，工程进入试运行阶段。业主单位在系统试运行阶段应做好试运行记录，及时记录系统运行状况，承建单位有义务协助业主单位做好系统试运行阶段的工作。

（4）系统试运行期结束后，承建单位提交终验申请。监理机构及时会同业主单位审查终验是否具备条件、终验测试方案是否可行。若条件具备和测试方案可行，双方代表签字同意终验；否则，监理机构签发监理通知单责令承建单位整改。

（5）三方进行终验测试及其审查。三方按照终验测试方案的要求对预定的测试指标使用预定测试方法进行测试，并共同见证测试结果，对于测试过程发现的问题，监理机构及时签发监理通知单责令承建单位进行整改。

（6）如果终验测试结果表明工程内容得到了有效的实现、试运行期间相关问题得到有效解决，监理机构会同业主单位签署终验合同合格证书。对于大型信息系统工程，应业主单位要求可以聘请有关专家举行终验会议，具体评估工程完成情况。监理机构向业主单位提交所有监理文档。

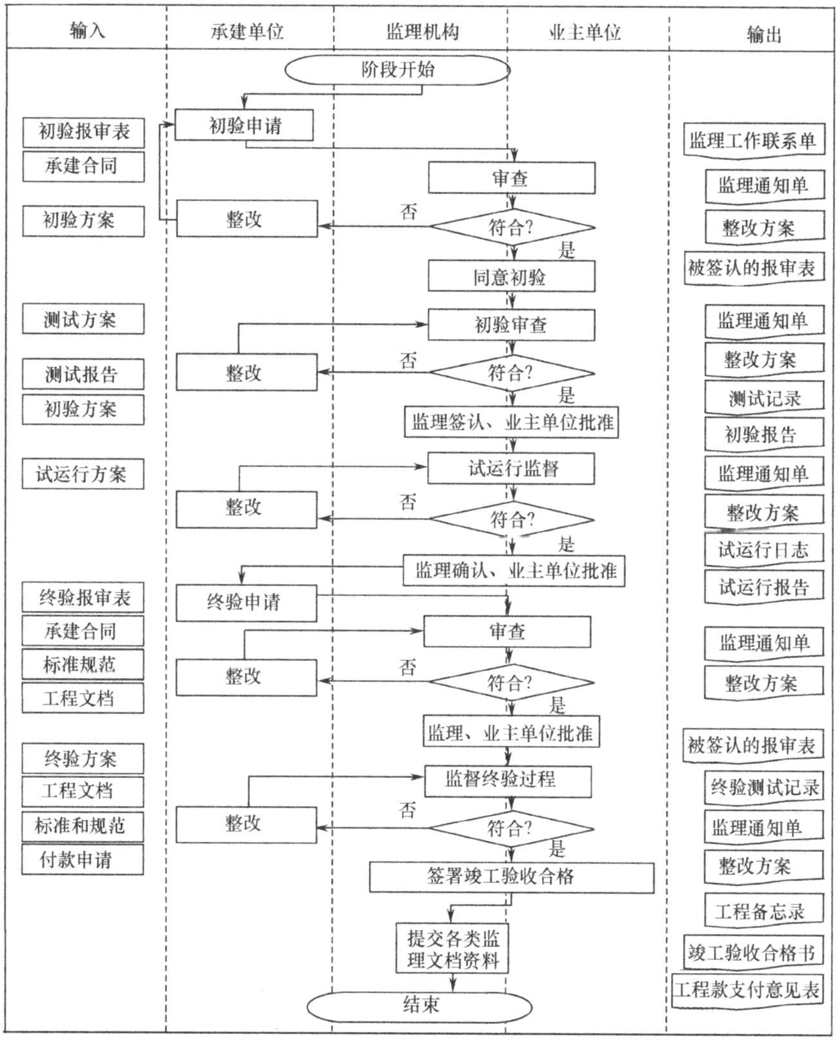

图 6-4　工程验收阶段监理流程图

第 7 章　监理及相关服务的质量与评价

7.1　质量评价模型

质量是指一组固有的特性满足要求的程度。监理及相关服务的质量是指监理及相关服务的过程满足监理合同和法规要求、业主期望的程度。对监理服务质量进行评价的目的是最终保证监理服务的质量。

业主单位和承建单位（也即信息系统工程项目的需方单位和供方单位）、监理单位均可根据自身的需要对监理及相关服务质量做出评价以满足各自要求，并作为监理服务持续改进的基础。评价的对象是监理及相关服务，评价的依据是监理合同的要求，应当结合监理及相关服务的特性进行综合评定。监理及相关服务质量与业主单位和承建单位（需方单位和供方单位）、监理单位之间的关系，即监理服务质量评价模型如图 7-1 所示。

监理单位受业主单位委托对信息系统工程项目提供监理及相关服务，业主单位对监理服务质量提出需求，并以委托监理合同进行明确，而监理单位则应交付满足业主单位需求的监理服务。监理服务的交付和实现是在信息系统工程项目实施的环境条件下实现的，其通过服务质量的若干特性得以展现出来，目标就是使监理服务在指定的条件下满足业主单位的需求，增强业主单位对监理服务的满意程度。

监理单位的服务对象是信息系统工程项目，项目的参与各方除了监理单位、业主单位（项目的需方单位外），还有承建单位（项目的供方单位）。监理单位应当坚持公平、公正、独立的工作原则，承建单位对监理单位的满意程度也是考察监理服务质量的重要因素。

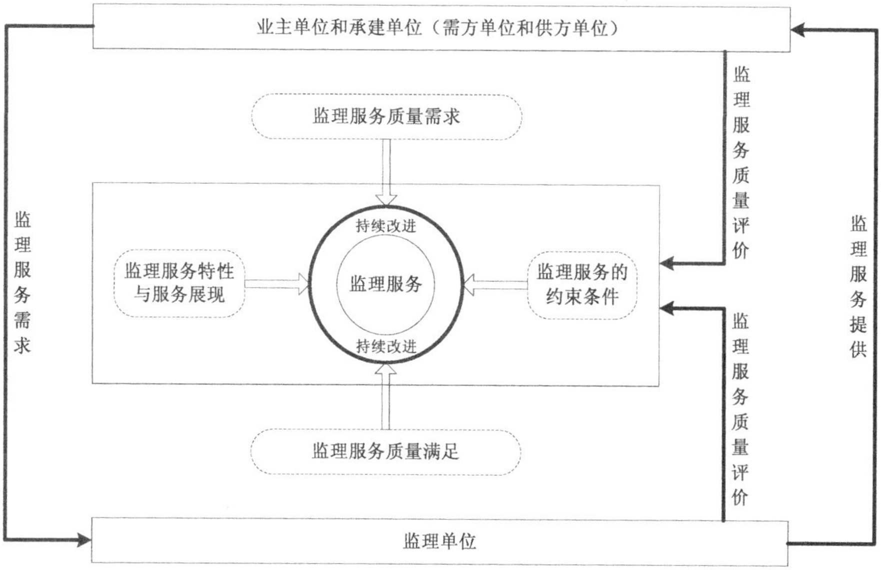

图 7-1 监理服务质量评价模型

7.2 评价原则

监理及相关服务质量的评价原则即对监理及相关服务质量评价的通用要求，评价特定项目的监理和相关服务质量，可遵循和参考评价原则，结合项目的特点制订具体的评价方法。

《信息技术服务 质量评价指标体系》（征求意见稿）提出，信息技术服务质量模型由服务要素质量、服务生产质量、服务消费质量和服务质量特性构成。服务要素质量包含人员、过程、技术、资源等方面的质量；服务生产质量包含服务生产过程中的规划设计、部署实施、服务运营、持续改进等方面的质量；服务消费质量包含需方所期望的服务质量和在使用服务过程中所实际感知的质量。

监理及相关服务的服务要素质量可通过服务的内容来体现，监理及相关服务的服务生产质量就是监理及相关服务过程的质量，也就是通常所说的服务的质量。监理及相关服务的服务消费质量，除了业主单位人员的满意程度，还可以通过项目建设的效果从另一个角度来体现。

对监理及相关服务质量的评价主要综合考虑服务的内容、服务的质量、项目建设的效果三个方面。

（1）服务的内容。包括监理及相关服务的范围、监理工作内容、监理机构组成、监理流程、监理技术措施、监理设施等。对服务内容的评价，考察的是监理工作的密度满足监理合同的充分性和有效性，监理的技术手段、工具等的科学性、可靠性、合理性等。

（2）服务的质量。体现为监理及相关服务过程，按照监理合同的要求，有形和无形的服务交付的质量。对服务质量的评价，考察的是服务成果的准确性、服务过程的安全性和可控性、服务响应的及时性。

（3）项目建设的效果。主要从信息系统工程项目建成后的运行状况和经济效益两个方面来考量。

7.3 评价指标

监理及相关服务的评价，可按服务内容、服务质量以及项目建设的效果三个方面设置一级指标。二级指标可按下述原则设置，并可进一步设置三级指标。

1）服务的内容

监理及相关服务范围覆盖率、监理及相关服务密度、工具的数量及准确性等。

2）服务的质量

监理及相关服务成果错误率、合同履行程度及重大责任事故等。

3）项目建设的效果

系统的系统故障率、系统稳定性、系统安全性及经济和社会效益达成率等。

7.4　特定项目的评价

不同的信息系统工程建设项目目标差别较大，对监理及相关服务的评价应当遵循评价的原则，结合项目特点选择评价指标，并依据评价指标与监理及相关服务的关联程度设定评价指标权重，之后依据监理及相关服务评价指标得分和评价指标权重计算监理及相关服务的评价结果。

对监理及相关服务的质量评价是一个过程，在项目建设的不同时期或者项目投产后都可以进行，不同阶段评价的指标和权重也不尽相同。比如在项目建设期间，项目建设的效果还无法体现；而在项目投产后，评价的重点就是项目建设的效果。

制订特定项目的质量评价指标，除应从服务内容、服务质量以及项目建设的效果三个方面考量，还可结合监理及相关服务的质量特性进行分解。监理及相关服务的质量特性包括功能性、安全性、可靠性、有形性、响应性、友好性六个方面，并可进一步细分为若干子特性。监理服务质量按层次分解所组成的质量特性模型如图 7-2 所示。

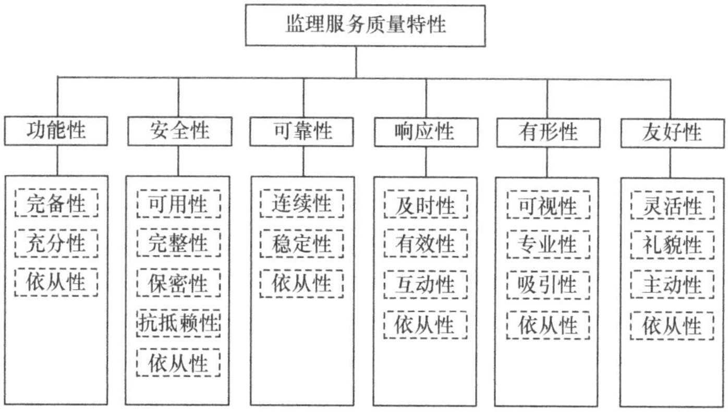

图 7-2　监理服务质量特性模型

（1）功能性：在监理服务合同条件下，监理服务提供满足明确和隐含要求的服务内容的能力，包括以下几方面。

① 完备性：监理单位所提供的服务是否具备了监理服务合同中承诺的所有监理服务内容。

② 充分性：监理单位在监理服务合同中所承诺的监理服务内容的实现程度。

③ 依从性：监理服务遵循与功能性相关的标准、约定或法规以及类似规定的能力。

（2）安全性：监理单位在服务过程中保障信息及相关资源安全的能力，包括以下几方面。

① 可用性：确保建设单位的相关人员能够正常使用监理单位提供的信息及相关资源。

② 完整性：确保监理单位在服务提供过程中获取的建设单位信息及资源不被非授权篡改、破坏和转移。

③ 保密性：监理单位在提供监理服务中确保建设单位信息及资源在使用和传输过程中不泄露给非授权的用户或实体。

④ 抗抵赖性：监理单位在监理服务过程中涉及安全的活动应具有原始的完整记录，实现有据可查的能力。

⑤ 依从性：监理服务遵循与安全性相关的标准、约定或法规以及类似规定的能力。

（3）可靠性：监理单位在规定条件下和规定时间内履行监理服务合同的能力，包括以下几方面。

① 连续性：确保监理服务在监理服务合同规定的任何情况下都能得到满足的能力。

② 稳定性：监理单位所提供的监理服务是否持续稳定地达到监理服务合同约定的水准。

③ 依从性：监理服务遵循与可靠性相关的标准、约定或法规以及类似规定的能力。

（4）响应性：监理单位为建设单位迅速提供有效监理服务的能力，包括以下几方面。

① 及时性：监理单位按照监理服务合同要求对服务请求响应和解决的速度。

② 有效性：监理单位按照监理服务合同要求对服务请求进行有效解决的能力。

③ 互动性：监理单位通过建立适宜的互动沟通机制保障监理单位和建设单位双方进行迅速准确的信息交换的能力。

④ 依从性：监理服务遵循与响应性相关的标准、约定或法规以及类似规定的能力。

（5）有形性：监理单位通过实体证据展现其服务的能力（这些实体证据通常包括品牌、人员形象、服务设施、服务流程、服务工具及服务交付物等），包括以下几方面。

① 可视性：监理单位向建设单位以可见的方式展现其监理服务的能力。

② 专业性：监理单位在监理服务过程中展现出的规范性、标准性和先进性的程度。

③ 吸引性：监理在监理服务过程中通过实体证据所展示的给建设单位的吸引力。

④ 依从性：监理服务遵循与有形性相关的标准、约定或法规以及类似规定的能力。

（6）友好性：监理单位设身处地为建设单位着想和对建设单位给予特别关注的能力，包括以下几方面。

① 灵活性：监理单位根据建设单位的个性化需求提供定制化服务的能力。

② 主动性：监理单位主动感知建设单位需求并积极采取措施保障服务提供的能力。

③ 礼貌性：监理单位在服务提供过程中展现的服务语言、行为和态度规范化的能力。

④ 依从性：监理服务遵循与友好性相关的标准、约定或法规以及类似规定的能力。

第 8 章 《监理总则》附录的表格

8.1 表格名称

《监理总则》对表格给出了规范性的指导意见，给出了以下 25 个表格的规范格式。

（1）附录 A （资料性附录）承建单位用表：

- 表 A.1 方案/计划报审表
- 表 A.2 分包单位资质审查申请表
- 表 A.3 开工申请单
- 表 A.4 复工申请单
- 表 A.5 付款申请表
- 表 A.6 工程阶段性测试验收（初验、终验）报审表
- 表 A.7 工程阶段施工申请表
- 表 A.8 监理通知回复单

（2）附录 B （资料性附录）监理单位用表：

- 表 B.1 开工令

- 表 B.2 停工令
- 表 B.3 复工令
- 表 B.4 工程款支付意见表
- 表 B.5 工程备忘录
- 表 B.6 会议纪要
- 表 B.7 监理日志
- 表 B.8 监理通知单
- 表 B.9 监理工作联系单
- 表 B.10 监理意见单
- 表 B.11 培训记录表
- 表 B.12 监理费申请表
- 表 B.13 费用索赔审批表
- 表 B.14 工程延期申请表

（3）附录 C （资料性附录）通用表格：

- 表 C.1 费用索赔申请表
- 表 C.2 工程延期申请表
- 表 C.3 工程变更单

监理表格是监理及相关服务工作最重要的交付成果之一，为工程实施提供参考，也是信息系统工程建设和运营的重要记录，能够帮助业主单位、监理单位、承建单位规范开展建设工作。本章主要介绍监理表格的使用、填写说明及表格在实际应用中的变化情况。

8.2 表格使用和填写说明

8.2.1 承建单位用表

1. 表 A.1 方案/计划报审表

（1）承建单位需提交方案/计划报审表（A.1）及附件材料×××方案/计划。

（2）承建单位方案/计划审核流程：第一步，×××方案/计划均应由承建单位按规定完成相关审批后，报监理机构审核。第二步，监理机构审核通过后，签署监理审核意见。第三步，必要时监理机构协助业主单位组织专业人员评审。

（3）此表在监理总则的应用见下表：

序号	章 节 号	条 款 号	表 单 名 称	表单审核规范
1	8 监理内容 8.2 设计阶段	8.2.2 设计方案的审查 8.2.2 a)、b)	工程设计方案/计划报审表	1. 8.2.2 a) 2. 8.2.2 b) 3. 8.2.2 c)
		8.2.4 计划方案的审查 8.2.4 a)	设计阶段进度计划报审表	8.2.4 a)
		8.2.4 计划方案的审查 8.2.4 b)	实施阶段进度计划报审表	8.2.4 b)
2	8 监理内容 8.3 实施阶段	8.3.2 质量控制 8.3.2 a)	质量管理计划报审表	8.3.2 a)
		8.3.2 质量控制 8.3.2 c)	工程实施方案报审表	8.3.2 c)
		8.3.3 进度控制 8.3.3 a)	实施计划报审表	8.3.3 a)
		8.3.3 进度控制 8.3.3 c	阶段性计划报审表	8.3.3 b)
3	8 监理内容 8.4 验收阶段	8.4.1 质量控制 8.4.1 a)	初验（终验）方案/计划报审表	8.4.1 a)
		8.4.5 文档资料管理	初验方案/计划报审表、初验报告、终验方案/计划报审表	8.4.5 a)

2. 表 A.2 分包单位资质审查申请表

（1）承建单位需提交分包单位资质审查申请表及分包单位资质材料和业绩材料。

（2）分包单位的名称应按《企业法人营业执照》全称填写。分包单位资质材料包括营业执照、企业资质等级证书、有关技术与管理人员的资格证书等。分包单位业绩材料是指分包单位近三年完成的与分包工程内容类似的工程及质量情况。

（3）分包单位资质审查流程：

第一步，监理工程师根据本项目对分包单位的管理要求，对分包单位资质材料和业绩材料进行审查，提出审查意见。意见之一是具备相关资质和能力，建议批准分包；意见之二是对分包单位还需补充相关材料后再报。

第二步，分包单位通过监理工程师的审查后，交由总监理工程师/代表进行审核。

第三步，总监理工程师/代表根据监理工程师的审查意见及分包单位的材料出具审核意见。意见之一是具备资质和能力，批准分包；意见之二是对分包单位还需补充相关材料后再审核。审核通过后签署审核意见。

（4）此表在监理总则的应用见下表：

序号	章　节　号	条　款　号	表 单 名 称	表单审核规范
1	8 监理内容 8.3 实施阶段	8.3.2 质量控制 8.3.2 j）	分包单位资质审查申请表	8.3.2 j）

3. 表 A.3 开工申请单

（1）承建单位提交开工申请单及附件材料开工报告。

（2）表中附件材料开工报告是指能够证明已具备开工条件的相关文件资料。一个工程项目只填报一次，如工程项目中含有多个单项工程且开工时间不一致时，则每个单项工程都应填报一次。

（3）开工申请单审核流程：

第一步，监理工程师根据承建单位提交的开工申请单及附件材料开工报告，检查工程准备情况，提出审查意见。意见之一是具备开工条件，建议签发开工令；意见之二是不具备开工条件，提出具体意见。

第二步，承建单位通过监理工程师的审查后，交由总监理工程师/代表进行审核，提出审核意见。意见之一是允许开工；意见之二是不允许开工。

第三步，工程实施条件具备时，总监理工程师应签发开工令，并报业主单位签认，通知承建单位开始工程实施。

（4）此表在监理总则的应用见下表：

序号	章 节 号	条 款 号	表 单 名 称	表单审核规范
1	8 监理内容 8.3 实施阶段	8.3.3 进度控制 8.3.3 b）	开工申请单	8.3.3 b）

4. 表 A.4 复工申请单

（1）承建单位提交复工申请单及附件材料工程复工报告和证明文件。

（2）本表用于工程因各种原因暂停后，具备复工条件报审时，应附有能够证明已具备复工条件的相关文件资料，即工程复工报告和证明文件。表中的证明文件可以为相关检查记录、有针对性的整改措施及其落实情况、会议纪要、影像资料等。

（3）复工申请单审核流程：

第一步，监理工程师根据承建单位提交的复工申请及附件材料进行审查，提出审查意见。意见之一是具备复工条件建议批准复工；意见之二是不具备复工条件，提出整改意见待承建单位进行整改。

第二步，承建单位通过了监理工程师的审查后，交由总监理工程师/代表进行审核。

第三步，总监理工程师/代表根据监理工程师的审查意见及承建单位的材料出具审核意见。意见之一是具备复工条件批准复工；意见之二是不具备复工条件，提出整改意见待承建单位进行整改。总监理工程师/代表审核通过后签署审核意见。复工条件具备时，经总监理工程师/代表签发复工令。

（4）此表在监理总则的应用见下表：

序号	章 节 号	条 款 号	表 单 名 称	表单审核规范
1	8 监理内容 8.3 实施阶段	8.3.2 质量控制 8.3.2 k） 8.3.2 质量控制 8.3.2 l）	复工申请单	1. 8.3.2 k） 2. 8.3.2 l）

5. 表 A.5 付款申请表

（1）承建单位提交付款申请表及附件工程阶段报告。

（2）本表中的附件工程阶段报告应包含与付款申请有关的内容，如已完成的合格工程的工程量清单、价款计算和其他与付款有关的证明文件和资料。

（3）付款申请审核流程：

第一步，承建单位提交付款申请及工程阶段报告。

第二步，总监理工程师依据承建合同及其补充协议，审核承建单位提交的付款申请和工程阶段报告。符合要求后，总监理工程师签署工程款支付意见表（参见表 B.4）。

（4）此表在监理总则的应用见下表：

序号	章 节 号	条 款 号	表 单 名 称	表单审核规范
1	8 监理内容 8.3 实施阶段	8.3.4 投资控制 8.3.4 a）	付款申请表	8.3.4 a）
2	8 监理内容 8.4 验收阶段	8.4.3 投资控制 8.4.3 a）	付款申请表	8.4.3 a）

6. 表 A.6 工程阶段性测试验收（初验、终验）报审表

（1）承建单位提交工程阶段性测试验收（初验、终验）报审表及附件工程阶段性测试验收（初验、终验）方案。

（2）工程阶段性测试验收（初验、终验）审核流程：

第一步，承建单位提交的工程阶段性测试验收（初验、终验）报审表及附件工程阶段性测试验收（初验、终验）方案材料。

第二步，总监理工程师审核承建单位提交的报审表及附件材料，具备验收条件时（初验、终验），在报审表中予以签认，报业主单位，并协商验收工作。

（3）此表在监理总则的应用见下表：

序号	章 节 号	条 款 号	表 单 名 称	表单审核规范
1	8 监理内容 8.2 设计阶段	8.2.3 测试验收方案的审查	工程阶段性测试验收（初验、终验）报审表	8.2.3
2	8 监理内容 8.4 验收阶段	8.4.1 质量控制 8.4.1 b）	工程阶段性测试验收初验报审表	8.4.1 b）
		8.4.1 质量控制 8.4.1 h）	工程阶段性测试验收终验报审表	8.4.1 h）
		8.4.5 文档资料管理 8.4.5 a）	工程阶段性测试验收初验报审表、工程阶段性测试验收终验报审表	8.4.5 a）

7. 表 A.7 工程阶段施工申请表

(1)承建单位提交工程阶段施工申请表及附件工程阶段实施方案和工程阶段性验收方案。

（2）本表用于工程中关键环节的工程阶段施工申请，是实施阶段质量控制的重要手段，监理机构审核其合理性后签认，并报业主单位批准。

（3）工程阶段施工申请审核流程：

第一步，监理工程师审核承建单位提交的报审表及附件材料，提出审查意见。意见之一是具备工程阶段施工条件，建议批准开工；意见之二是不具备工程阶段施工条件，提出意见待承建单位进行补充。

第二步，承建单位通过了监理工程师的审查后，交由总监理工程师/代表进行审核。

第三步，总监理工程师/代表根据监理工程师的审查意见及承建单位的材料出具审核意见。意见之一是具备工程阶段施工条件，批准开工；意见之二是不具备工程阶段施工条件，提出意见待承建单位进行补充。审核通过后签署审核意见。

第四步，报业主单位进行审查，并提出审查意见。

（4）此表在监理总则的应用见下表：

序号	章　节　号	条　款　号	表 单 名 称	表单审核规范
1	8 监理内容 8.3 实施阶段	8.3.2 质量控制 8.3.2 g）	工程阶段施工申请表	8.3.2 g）

8. 表 A.8 监理通知回复单

（1）承建单位提交监理通知回复单（必要时提交相关附件材料）。

（2）本表用于承建单位在收到监理通知单（报业主单位）后，承建单位根据通知要求进行整改、自查合格后，向监理机构报送回复意见；回复意见应根据监理通知单的要求，简要说明落实整改的过程、结果及自检情况，必要时应附整改相关证明资料，包括检查记录、影像资料等。

（3）监理通知回复单复查流程：监理机构根据承建单位针对监理通知单的回复内容进行复查并填写复查意见，报业主单位协商（监理通知回复单）。

8.2.2 监理机构用表

1. 表 B.1 开工令

（1）监理机构向承建单位签发开工令。

（2）本表用于承建单位提交开工申请后，监理机构审核开工申请（参见表 A.3）。满足开工条件时，总监理工程师签发开工令，并报业主单位。开工申请单中的开工日期作为承建单位计算工期的起始日期。

（3）签发开工令流程：

第一步，承建单位提交开工申请单及附件材料开工报告。

第二步，监理机构审核开工申请并检查工程准备情况。

第三步，审核通过后，总监理工程师签发开工令，并报业主单位签认，通知承建单位开始工程实施。

（4）此表在监理总则的应用见下表：

序号	章 节 号	条 款 号	表 单 名 称	表单审核规范
1	8 监理内容 8.3 实施阶段	8.3.3 进度控制 8.3.3 b）	开工令	8.3.3 b）
		8.3.6 文档资料管理 8.3.6 a）	开工令	8.3.6 a）

2. 表 B.2 停工令

（1）监理机构提交停工令及附件证明材料。

（2）表适用于总监理工程师签发指令要求停工处理的事件。总监理工程师应根据暂停工程的影响范围和程度，按照施工合同和监理合同的约定签发停工令。

签发工程停工令时，必须注明停工的部位。

（3）签发停工令流程：工程质量事故发生后或工程实施存在重大质量隐患时，监理机构要求承建单位采取措施进行控制，并由总监理工程师签发停工令，同时报业主单位。

（4）监理机构应组织人员对停工事件进行调查，并与业主单位、承建单位确认初步处理意见；监理机构应监督承建单位查清停工事件原因，审核承建单位提出的解决方案，提出监理意见并报业主单位确认。待承建单位整改完毕提交复工申请单（参见表 A.4），经监理机构审核通过后，由总监理工程师签发复工令（参见表 B.3）。

（5）此表在监理总则的应用见下表：

序号	章 节 号	条 款 号	表 单 名 称	表单审核规范
1	8 监理内容 8.3 实施阶段	8.3.2 质量控制 8.3.2 k）	停工令	8.3.2 k）
		8.3.2 质量控制 8.3.2 l）	停工令	8.3.2 l）
		8.3.6 文档资料管理 8.3.6 a）	停工令	8.3.6 a）

3. 表 B.3 复工令

（1）监理机构提交复工令。

（2）本表用于承建单位提交复工申请单（参见表 A.4），条件具备时，总监理工程师签发复工令。

（3）签发复工令流程：

第一步，承建单位提交事故报告及复工申请单（参见表 A.4）。

第二步，监理机构审查承建单位提交的材料，符合复工要求时，总监理工程师签发复工令，报业主单位。

（4）此表在监理总则的应用见下表：

序号	章 节 号	条 款 号	表 单 名 称	表单审核规范
1	8 监理内容 8.3 实施阶段	8.3.2 质量控制 8.3.2 k）	复工令	8.3.2 k）
		8.3.6 文档资料管理 8.3.6 a）	复工令	8.3.6 a）

4. 表 B.4 工程款支付意见表

（1）监理机构提交工程款支付意见表及附件材料（承建单位的工程付款申请表及附件和监理机构审查记录）。

（2）本表用于承建单位提交工程阶段报告和付款申请（参见表 A.5）后，符合付款要求时，总监理工程师签发工程款支付意见。

（3）签发工程款支付意见流程：

第一步，监理机构审核承建单位提交的付款申请表（参见表 A.5）及其附件工程阶段报告。

第二步，监理机构根据承建合同约定和对相关资料审查复核后，由总监理工程师签发工程款支付意见，报业主单位签认。

（4）此表在监理总则的应用见下表：

序号	章 节 号	条 款 号	表 单 名 称	表单审核规范
1	8 监理内容 8.3 实施阶段	8.3.4 投资控制 8.3.4 a）	工程款支付意见表	8.3.4 a）
2	8 监理内容 8.4 验收阶段	8.4.3 投资控制 8.4.3 a）	工程款支付意见表	8.4.3 a）

5. 表 B.5 工程备忘录

（1）监理机构提交工程备忘录，并报业主单位、承建单位、相关单位进行签认。

（2）本表用于参与工程建设的相关各方（业主单位、承建单位、监理机构、其他相关单位），对于工程建设中需多方共同协调确认的事件及结果进行备忘记录。

（3）工程备忘录记录流程：

第一步，监理机构编制工程备忘录，记录多方共同协调确认的事件或结果。

第二步，监理机构将工程备忘录报业主单位、承建单位、相关单位进行签认。

（4）此表在监理总则的应用见下表：

序号	章　节　号	条　款　号	表 单 名 称	表单审核规范
1	8 监理内容 8.1 招标阶段	8.1.3 在业主单位授权下，监理机构应协助业主单位进行招标工作，包括如下内容 8.1.3 c）	工程备忘录	8.1.3 c）
2	8 监理内容 8.2 设计阶段	8.2.5 变更方案的管理 8.2.5 a）、b）、c）	工程备忘录	8.2.5 a）、b）、c）
		8.2.6 文档资料管理 8.2.6 d）	工程备忘录	8.2.6 d）
3	8 监理内容 8.3 实施阶段	8.3.3 进度控制 8.3.3 e）2）	工程备忘录	8.3.3 e）2）
		8.3.4 投资控制 8.3.4 b）	工程备忘录	8.3.4 b）
		8.3.5 合同管理 8.3.5 b）4）	工程备忘录	8.3.5 b）4）
		8.3.6 文档资料管理 8.3.6 a）、b）	工程备忘录	8.3.6 a）、b）
4	8 监理内容 8.4 验收阶段	8.4.6 协调 8.4.6 a）、c）	工程备忘录	8.4.6 a）、c）

6. 表 B.6 会议纪要

（1）监理机构提交会议纪要，并报业主单位、承建单位、相关单位或签认。

（2）本表用于监理机构组织或协助业主单位工作参与的与工程相关的会议，对会议内容做会议纪要，并报业主单位、承建单位、相关单位签认。

（3）会议纪要流程：

第一步，监理机构负责整理编制会议纪要。

第二步，监理机构将会议纪要报业主单位、承建单位、相关单位进行签认。

（4）此表在监理总则的应用见下表：

序号	章 节 号	条 款 号	表 单 名 称	表单审核规范
1	8 监理内容 8.1 招标阶段	8.1.3 在业主单位授权下，监理机构应协助业主单位进行招标工作，包括如下内容 8.1.3 a）	会议纪要	8.1.3 a）
2	8 监理内容 8.3 实施阶段	8.3.2 质量控制 8.3.2 b）	会议纪要	8.3.2 b）
		8.3.7 协调 8.3.7 b）	会议纪要	8.3.7 b）

7. 表 B.7 监理日志

（1）监理机构编制监理日志。

（2）本表用于监理机构每日对工程实施情况及相关服务监理工作所做的记录，以确保监理工作的可追溯性。监理日志是监理机构在实施监理过程中形成的文件，不能等同于监理人员的个人日记。

（3）监理日志主要内容：天气和施工环境情况；工程进展情况；监理工作情况（包括旁站、巡视、见证取样、平行检验及运维监理等情况）；存在的问题及协调解决情况；其他有关事项。

（4）监理日志流程：监理机构每日总结记录工程实施及相关服务监理工作情况。

（5）此表在监理总则的应用见下表：

序号	章 节 号	条 款 号	表 单 名 称	表单审核规范
1	8 监理内容 8.3 实施阶段	8.3.2 质量控制 8.3.2 f）、h）	监理日志	8.3.2 f）、h）
		8.3.6 文档资料管理 8.3.6 a）	监理日志	8.3.6 a）

8. 表 B.8 监理通知单

（1）监理机构签发监理通知单。

（2）本表用于监理机构按照监理合同授权，对承建单位提出要求。监理工程师现场发出的口头指令及要求，也应采用此表予以确认。监理通知单的内容包括针对承建单位在施工过程中出现的不符合设计要求、不符合施工技术标准、不符合合同约定的情况，使用不合格的材料、构配件和设备等行为，提出纠正施工单位在工程质量、进度、造价等方面的违规、违章行为的指令和要求。

（3）监理通知单签发流程：

第一步，监理机构发给承建单位的监理工作联系单（参见表B.9）中的有关问题，承建单位整改后仍不合格时，由总监理工程师签发监理通知单（报业主单位），责令承建单位进行整改。

第二步，承建单位收到监理通知单后须使用监理通知回复单（参见表A.8）回复，并附相关资料。

（4）运维监理中有关问题也可用此通知单给运维服务供方单位。

（5）此表在监理总则的应用见下表：

序号	章 节 号	条 款 号	表 单 名 称	表单审核规范
1	8 监理内容 8.2 设计阶段	8.2.2 设计方案的审查 8.2.2 b）、c）	监理通知单	8.2.2 b）、c）
		8.2.3 测试验收方案的审查	监理通知单	8.2.3
		8.2.4 计划方案的审查 8.2.4 a）、b）	监理通知单	8.2.4 a）、b）
2	8 监理内容 8.3 实施阶段	8.3.2 质量控制 8.3.2 a）、c）、f）	监理通知单	8.3.2 a）、c）、f）
		8.3.3 进度控制 8.3.3 a）、c）、f）	监理通知单	8.3.3 a）、c）、f）
		8.3.6 文档资料管理 8.3.6 a）	监理通知单	8.3.6 a）
3	8 监理内容 8.4 验收阶段	8.4.1 质量控制 8.4.1 a）、b）、g）、h）	监理通知单	8.4.1 a）、b）、g）、h）

9. 表B.9 监理工作联系单

（1）监理机构签发监理工作联系单。

（2）本表用于监理机构与工程建设有关方相互之间的日常书面工作联系，有特殊规定的除外。工作联系的内容包括告知、督促、建议、要求等事项。本表不需要书面回复。

（3）监理工作联系单签发流程：

第一步，监理机构签发监理工作联系单与承建单位进行沟通，对工程有关问题要求承建单位整改。

第二步，承建单位收到监理工作联系单后，应按要求进行整改。

（4）如承建单位整改后仍不合格，监理机构应签发监理通知单（参见表 B.8），责令承建单位整改。

（5）此表也可用于运维监理。

（6）此表在监理总则的应用见下表：

序号	章节号	条款号	表单名称	表单审核规范
1	8 监理内容 8.2 设计阶段	8.2.2 设计方案的审查 8.2.2 b）、c）	监理工作联系单	8.2.2 b）、c）
		8.2.3 测试验收方案的审查	监理工作联系单	8.2.3
		8.2.4 计划方案的审查 8.2.4 a）、b）	监理工作联系单	8.2.4 a）、b）
2	8 监理内容 8.3 实施阶段	8.3.2 质量控制 8.3.2 a）、c）、f）	监理工作联系单	8.3.2 a）、c）、f）
		8.3.3 进度控制 8.3.3 a）、c）、f）	监理工作联系单	8.3.3 a）、c）、f）
		8.3.6 文档资料管理 8.3.6 a）	监理工作联系单	8.3.6 a）
3	8 监理内容 8.4 验收阶段	8.4.1 质量控制 8.4.1 a）、b）、g）、h）	监理工作联系单	8.4.1 a）、b）、g）、h）

10. 表 B.10 监理意见单

（1）监理机构提交此单给业主单位和承建单位。

（2）本表用于监理机构审查工程费用索赔、承建工程合同变更、工程验收和整改计划可行性时，以监理意见单的形式告知业主单位和承建单位。

（3）监理意见单的签发流程：

第一步，监理机构审查承建单位提出的工程费用索赔、合同变更、验收和整改计划等。

第二步，总监理工程师/代表根据承建工程合同，参考工程实际情况和相关资料出具监理意见。

（4）此表也可用于运维监理。

（5）此表在监理总则的应用见下表：

序号	章　节　号	条　款　号	表单名称	表单审核规范
1	8 监理内容 8.3 实施阶段	8.3.4 投资控制 8.3.4 c），4）	监理意见单	8.3.4 c），4）
		8.3.5 合同管理 8.3.5 b），3）	监理意见单	8.3.5 b），3）
3	8 监理内容 8.4 验收阶段	8.4.2 进度控制 8.4.2 b）	监理意见单	8.4.2 b）

11. 表 B.11 培训记录表

（1）培训讲师提交培训记录表，报监理机构、业主单位签认。

（2）本表用于承建单位为了完成项目实施方案而对业主单位进行的培训，监理机构对培训效果进行评估，形成培训记录。

（3）培训记录表的处理流程：

第一步，承建单位确定培训计划，并按计划组织培训。

第二步，监理机构对承建单位组织的培训进行评估。监理机构应从培训时间、人员、讲师、内容上评估是否与培训计划一致，并对培训效果出具意见。

（4）此表在监理总则的应用见下表：

序号	章　节　号	条　款　号	表单名称	表单审核规范
1	8 监理内容 8.4 验收阶段	8.4.1 质量控制 8.4.1 j）	培训记录表	8.4.1 j）

12. 表 B.12 监理费申请表

（1）总监理工程师签发监理费申请表，报业主单位签认。

（2）本表用于监理机构依据监理合同及其补充协议，由总监理工程师签署向业主单位申请支付监理费。

（3）此表在监理总则的应用见下表：

序号	章 节 号	条 款 号	表 单 名 称	表单审核规范
1	6 监理支撑要素	6.2.3	监理费申请表	6.2.3

13. 表 B.13 费用索赔审批表

（1）总监理工程师签发费用索赔审批表，报业主单位和承建单位。

（2）本表用于监理机构处理承建单位提交的费用索赔申请（参见表 C.1），以费用索赔审批表的形式告知业主单位和承建单位。监理机构应及时收集、整理有关工程费用的原始资料，为处理费用索赔提供证据。监理机构处理费用索赔主要依据：法律法规；勘察设计文件、承建工程合同文件；工程建设标准；索赔事件的证据。

（3）监理机构处理费用索赔的流程：

第一步，申请方应在合同规定的期限内向监理机构提交费用索赔申请表（参见表 C.1）。

第二步，总监理工程师指定监理工程师收集与索赔有关的资料。

第三步，总监理工程师进行索赔审查，与承建单位和业主单位协商索赔费用。

第四步，总监理工程师应在承建合同规定的期限内签发费用索赔审批意见。

（4）当申请方的索赔要求与工程延期要求相关联时，总监理工程师应综合考虑工程延期和费用索赔的关系，提出费用索赔和工程延期的建议。

（5）此表在监理总则的应用见下表：

序号	章　节　号	条　款　号	表 单 名 称	表单审核规范
1	8 监理内容 8.3 实施阶段	8.3.4 投资控制 8.3.4 c)，4)	费用索赔审批表	8.3.4 c)，4)

14. 表 B.14 工程延期审批表

（1）本表用于监理机构处理承建单位提交的工程延期申请（参见表 C.2），以工程延期审批表的形式回复承建单位。项目监理机构批准工程延期应同时满足下列三个条件：承建单位在施工合同约定的期限内提出工程延期，因非承建单位原因造成施工进度滞后，施工进度滞后影响承建合同约定的工期。

（2）监理机构处理工程延期申请的流程：监理机构应根据工程情况确认其合理性，并与业主单位、承建单位协商确认后，由总监理工程师对工程延期申请予以确认。意见之一是不同意延长工期；意见之二是暂时同意工程延长指定的天数；意见之三是最终同意工程期延长指定的天数。

（3）此表在监理总则的应用见下表：

序号	章　节　号	条　款　号	表 单 名 称	表单审核规范
1	8 监理内容 8.3 实施阶段	8.3.3 进度控制 8.3.3 e)，1)	工程延期审批表	8.3.3 e)，1)

8.2.3 通用表格

1. 表 C.1 费用索赔申请表

（1）申请方向监理机构提交费用索赔申请表。

（2）本表用于根据承建合同的约定，合同一方因另一方原因造成本方经济损失，通过监理机构向对方索取费用。

（3）费用索赔申请处理流程：

第一步，申请方应在合同规定的期限内向监理机构提交费用索赔申请表。

第二步，总监理工程师指定监理工程师收集与索赔有关的资料。

第三步，总监理工程师进行索赔审查，与承建单位和业主单位协商索赔费用。

第四步，总监理工程师应在承建合同规定的期限内签发费用索赔审批意见或在承建合同规定的期限内发出要求申请方提交详细资料的监理意见单。

第五步，当申请方的索赔要求与工程延期要求相关联时，总监理工程师应综合考虑工程延期和费用索赔的关系，提出费用索赔和工程延期的建议。

（4）此表在监理总则的应用见下表：

序号	章 节 号	条 款 号	表 单 名 称	表单审核规范
1	8 监理内容	8.3.4 投资控制 8.3.4 c）	索赔申请表	8.3.4 c）
	8.3 实施阶段	8.3.6 文档资料管理 8.3.6 c）	索赔申请表	8.3.6 c）

2. 表 C.2 工程延期申请表

（1）工程延期申请处理流程：

第一步，监理机构应根据工程情况确认其合理性，并与业主单位、承建单位协商确认后，由总监理工程师对工程延期申请予以确认。

第二步，工程延期影响工程总体进度计划时，监理机构应要求承建单位修改工程总体进度计划，经三方签认后，做工程备忘录。

（2）此表在监理总则的应用见下表：

序号	章　节　号	条　款　号	表 单 名 称	表单审核规范
1	8 监理内容 8.3 实施阶段	8.3.3 进度控制 8.3.3 e）	工程延期申请表	8.3.3 e）
		8.3.6 文档资料管理 8.3.6 c）	工程延期申请表	8.3.6 c）

3. 表 C.3 工程变更单

（1）本表用于在工程项目实施过程中，按照承建合同约定的程序对工程的设计和实施作出的变更。

（2）工程变更申请处理流程：

第一步，业主单位或承建单位提出的工程变更，应编制变更文件，提交总监理工程师，由总监理工程师组织审核，并由三方在工程变更单中予以签认。

第二步，监理机构应了解工程变更的实际情况，收集相关资料或信息。

第三步，监理机构应根据实际情况，参考变更文件及其他有关资料，按照承建合同的有关条款，对工程变更范围、内容、实施难度以及变更的投资和工期作出评估，签发监理意见单，并报业主单位、承建单位。

第四步，监理机构应对工程变更过程及结果做工程备忘录。监理机构应要求承建单位在变更文件签署前，不得实施工程变更。

第五步，监理机构应根据工程变更文件监督承建单位实施。

（3）此表在监理总则的应用见下表：

序号	章　节　号	条　款　号	表 单 名 称	表单审核规范
1	8 监理内容 8.3 实施阶段	8.3.5 合同管理 8.3.5 b），1）	工程变更单	8.3.5 b），1）
		8.3.6 文档资料管理 8.3.6 c）	工程变更单	8.3.6 c）

附录　信息系统工程监理暂行规定

关于发布《信息系统工程监理暂行规定》的通知

信部信（2002）570号

各省、自治区、直辖市、计划单列市信息产业主管部门，新疆生产建设兵团：

为推进国民经济和社会信息化建设，加强信息系统工程监理市场的规范化管理，确保信息系统工程的安全和质量，根据国务院“三定”方案赋予的职能，信息产业部特制定《信息系统工程监理暂行规定》，现予发布，自2002年12月15日起实施。

信息系统工程监理工作，在部计算机信息系统集成资质认证管理委员会及其办公室的统一组织协调下开展。

信息系统工程监理暂行规定

第一章　总　　则

第一条　为推进国民经济和社会信息化建设，确保信息系统工程的安全和质量，规范信息系统工程监理行为，依据国家有关规定，制定本规定。

第二条　在中华人民共和国境内从事信息系统工程监理活动，必须遵守本规定。

第三条　本规定所称信息系统工程是指信息化工程建设中的信息网络系统、信息资源系统、信息应用系统的新建、升级、改造工程。

（一）信息网络系统是指以信息技术为主要手段建立的信息处理、传输、交换和分发的计算机网络系统；

（二）信息资源系统是指以信息技术为主要手段建立的信息资源采集、存储、处理的资源系统；

（三）信息应用系统是指以信息技术为主要手段建立的各类业务管理的应用系统。

第四条　本规定所称信息系统工程监理是指依法设立且具备相应资质的信息系统工程监理单位（以下简称监理单位），受业主单位委托，依据国家有关法律法规、技术标准和信息系统工程监理合同，对信息系统工程项目实施的监督管理。

第五条　本规定所称监理单位是指具有独立企业法人资格，并具备规定数量的监理工程师和注册资金、必要的软硬件设备、完善的管理制度和质量保证体系、固定的工作场所和相关的监理工作业绩，取得信息产业部颁发的《信息系统工程监理资质证书》，从事信息系统工程监理业务的单位。

监理单位资质分为甲、乙、丙三级。

第二章　主管部门及其职责

第六条　信息产业部负责全国信息系统工程监理的管理工作，其主要职责是：

（一）制定、发布信息系统工程监理法规，并监督实施；

（二）审批及管理甲级、乙级信息系统工程监理单位资质；

（三）负责信息系统监理工程师的资格管理；

（四）监督并指导全国信息系统工程监理工作。

第七条　省、自治区、直辖市信息产业主管部门负责本行政区域内信息系统工程监理的管理工作，其主要职责是：

（一）执行国家信息系统工程监理法规和行政规章；

（二）审批及管理本行政区域内丙级信息系统工程监理单位资质，初审本行政区域内甲级、乙级信息系统工程监理单位；

（三）负责本行政区域内信息系统工程监理工程师的管理工作；

（四）监督本行政区域内的信息系统工程监理工作。

第三章　监理范围和监理内容

第八条　下列信息系统工程应当实施监理：

（一）国家级、省部级、地市级的信息系统工程；

（二）使用国家政策性银行或者国有商业银行贷款，规定需要实施监理的信息系统工程；

（三）使用国家财政性资金的信息系统工程；

（四）涉及国家安全、生产安全的信息系统工程；

（五）国家法律、法规规定应当实施监理的其他信息系统工程。

第九条　监理的主要内容是对信息系统工程的质量、进度和投资进行监督，对项目合同和文档资料进行管理，协调有关单位间的工作关系。

第四章 监 理 活 动

第十条 从事信息系统工程监理活动，应当遵循守法、公平、公正、独立的原则。

第十一条 信息系统工程监理业务可以由业主单位直接委托监理单位承担，也可以采用招标方式选择监理单位。

第十二条 监理单位承担信息系统工程监理业务，应当与业主单位签订监理合同，合同内容包括：

（一）监理业务内容；

（二）双方的权利和义务；

（三）监理费用的计取和支付方式；

（四）违约责任及争议的解决办法；

（五）双方约定的其他事项。

第十三条 监理费用计取标准应当结合信息系统工程监理的特点，由双方协商确定。

第十四条 信息系统工程实行总监理工程师负责制。总监理工程师行使合同赋予监理单位的权限，全面负责受委托的监理工作。

第十五条 信息系统工程监理接下列程序进行：

（一）组建信息系统工程监理机构。监理机构由总监理工程师、监理工程师和其他监理人员组成；

（二）编制监理计划，并与业主单位协商确认；

（三）编制工程阶段监理细则；

（四）实施监理；

（五）参与工程验收并签署监理意见；

（六）监理业务完成后，向业主单位提交最终监理档案资料。

第十六条　实施监理前，业主单位应将所委托的监理单位、监理机构、监理内容书面通知承建单位。承建单位应当提供必要的资料，为监理工作的开展提供方便。

第十七条　监理活动中产生的争议，应当依据监理合同相关条款协商解决，或者依法进行仲裁，或者依法提起诉讼。

第五章　监理单位和监理工程师

第十八条　监理单位的权利和义务：

（一）应按照“守法、公平、公正、独立”的原则，开展信息系统工程监理工作，维护业主单位与承建单位的合法权益；

（二）按照监理合同取得监理收入；

（三）不得承包信息系统工程；

（四）不得与被监理项目的承建单位存在隶属关系和利益关系，不得作为其投资者或合伙经营者；

（五）不得以任何形式侵害业主单位和承建单位的知识产权；

（六）在监理过程中因违犯国家法律、法规，造成重大质量、安全事故的，应承担相应的经济责任和法律责任。

第十九条　信息系统工程监理工程师应当是经培训考试合格、并取得《信息系统工程监理工程师资格证书》的专业技术人员。

第二十条　监理工程师的权利和义务：

（一）根据监理合同独立执行工程监理业务；

（二）保守承建单位的技术秘密和商业秘密；

（三）不得同时从事与被监理项目相关的技术和业务活动。

第六章　附　　则

第二十一条　信息系统工程监理单位资质管理办法和信息系统工程监理工程师资格管理办法另行制定。

第二十二条　本规定自 2002 年 12 月 15 日起实施。

参 考 文 献

[1] 中华人民共和国国家质量监督检验检疫总局，中国国家标准化管理委员会. GB/T19668.1—2014 信息技术服务 监理 第 1 部分：总则 [S]. 北京：中国标准出版社，2014.

[2] 葛迺康. 信息化工程监理规范总则理解与实施. 北京：中国标准出版社，2008.

[3] 中华人民共和国国家质量监督检验检疫总局，中国国家标准化管理委员会. GB/T19668.1—2005 信息化工程监理规范 第 1 部分：总则[S]. 北京：中国标准出版社，2005.

[4] 中华人民共和国国家质量监督检验检疫总局，中国国家标准化管理委员会. GB/T19668.2—2007 信息化工程监理规范 第 2 部分：通用布缆系统工程监理规范[S]. 北京：中国标准出版社，2007.

[5] 中华人民共和国国家质量监督检验检疫总局，中国国家标准化管理委员会. GB/T19668.3—2007 信息化工程监理规范 第 3 部分：电子设备机房系统工程监理规范[S]. 北京：中国标准出版社，2007.

[6] 中华人民共和国国家质量监督检验检疫总局，中国国家标准化管理委员会. GB/T19668.4—2007 信息化工程监理规范 第 4 部分：计算机网络系统工程监理规范[S]. 北京：中国标准出版社，2007.

[7] 中华人民共和国国家质量监督检验检疫总局，中国国家标准化管理委员会. GB/T19668.5—2007 信息化工程监理规范 第 5 部分：软件工程监理规范[S]. 北京：中国标准出版社，2007.

[8] 中华人民共和国国家质量监督检验检疫总局，中国国家标准化管理委员会. GB/T19668.6—2007 信息化工程监理规范 第 6 部分：信息化工程安全监理规范[S]. 北京：中国标准出版社，2007.

[9] 电子工业部. 电子工程建设监理规定（试行）（电子计[1995]243 号）.

[10] 信息产业部. 信息系统工程监理暂行规定（信部信[2002]570 号）.

[11] 信息产业部. 信息系统工程监理单位资质管理办法（信部信[2002]142 号）.

[12] 信息产业部. 信息系统工程监理工程师资格管理办法（信部信[2002]142 号）.

[13] 北京市人民政府. 北京市政务与公共服务信息化工程建设管理办法.

[14] 北京市人民政府信息化工作办公室. 北京市政务与公共服务信息化工程建设管理办法实施细则（京信息办[2002]65 号）.

[15] 北京市信息化工作办公室. 北京市信息系统工程监理管理办法（试行）.

[16] 葛乃康. 信息工程建设监理. 北京：电子工业出版社，2002.

[17] 刘宏志，葛迺康. 信息化工程监理. 北京：中国电力出版社，2009.
[18] 谢冉东. 通用布缆系统工程监理规范理解与实施. 北京：中国标准出版社，2010.
[19] 张骏温. 计算机网络系统工程监理规范理解与实施. 北京：中国标准出版社，2011.
[20] 葛健. 软件工程监理规范理解与实施. 北京：中国标准出版社，2012.
[21] 北京信息安全测评中心. 信息系统工程监理. 北京：中国标准出版社，2003.